苏州博物馆藏工艺品

苏州博物馆 编著

文物出版社

北京·2009

封面设计：程星涛
装帧设计：顾咏梅
　　　　　袁振宁
责任印制：梁秋卉
责任编辑：张小舟

图书在版编目(CIP)数据

苏州博物馆藏工艺品／苏州博物馆编．－北京：
文物出版社，2009.9
ISBN 978-7-5010-2703-3

Ⅰ.苏⋯　Ⅱ.苏⋯　Ⅲ.博物馆–历史文物–简介－苏州市
Ⅳ.K872.533

中国版本图书馆CIP数据核字(2009)第032346号

苏州博物馆藏工艺品

苏州博物馆　编著

文物出版社出版发行
北京东直门内北小街2号楼
http://www.wenwu.com
E-mail:web@wenwu.com
北京圣彩虹制版印刷技术有限公司制版印刷
2009年9月第1版　2009年9月第1次印刷
889×1194　1/16　印张：13.25
ISBN 978-7-5010-2703-3
定价：248元

Handicraft Works Collected by SuZhou Museum

Suzhou Museum Redact

Cultural Relics Press

Beijing 2009

目 录
Table of Contents

牙角器/139
Ivory and Horn Works

苏州博物馆系列丛书总序

一位学者说："苏州，是一座用文化打造起来的城市，唯有用文化才能使她挺直腰杆。"一位官员说："文化，是苏州最大的魅力；文化，是苏州最强的竞争力。"

江南水乡、人间天堂的苏州，地处长江三角洲的核心地带，扼守太湖水网和京杭大运河的要津，风物清嘉，人文荟萃，是中华文明的重要发祥地之一。

悠久的历史文化积淀和传承，赋予了古城苏州独特的整体文化景观。刻于公元1229年的宋《平江图》碑，是当今世界所能看到最早的城市平面图。古城苏州"水陆并行双棋盘格局"至今仍然存在，以小桥流水、粉墙黛瓦为特征的古城风貌，使人在这古今和谐的东方水城空间环境中，处处感受到一种纤巧秀美的柔性文化魅力，感受到一种宁静婉约的优雅文化氛围。

丰厚的吴地文化遗产精华，秀外慧中，包容了千年古城、水乡古镇、园林胜迹、街坊民居等丰富多彩的物化形态，也体现在昆曲、苏剧、评弹、桃花坞木刻、吴门书画、丝绸、刺绣、工艺珍品等门类齐全的艺术形态，更表现于苏州人才辈出、群星灿烂的文脉传承。人文资源的博大、文化底蕴的深厚、文化心理的成熟和文化氛围的浓重，使苏州成为活着的文化遗产，也使苏州成为享誉中国乃至世界的魅力城市。

博物馆是展示城市魅力和竞争力的重要舞台。苏州博物馆是展示苏州地方历史文化的综合性博物馆，作为一座地域性政府主导体制下的公益性的重要文化场所，它依托全国重点文物保护单位——太平天国忠王府作为博物馆文化遗产保护和发展的基础，在苏州地区各类博物馆中，建馆最早、综合实力最强，具有举足轻重的地位。苏州博物馆现藏各类文物约三万余件，以出土文物、明清书画和古代工艺品见长，不少器物从质地到器形，既有本地特色，又有与周边文化交流的痕迹。

作为收藏、保护、研究、展示人类文化遗产的公共文化设施，博物馆体现的是一个城市和地区的文明风貌和个性，是对文明记忆的一种汇聚、凝练与传承，反映一个城市的品味、内在风格和历史文脉。当今，博物馆已经成为各国、各地区一种普遍性的文化表达方式，为社会和社会发展服务是其宗旨。在现代化和全球化背景下，博物馆和文化遗产的重要性日益凸显，它不仅担负着文化传承、文化认同的重任，是现代人高素质的精神和美感生活不可或缺的组成部分，同时也日益成为国家和地区的文化、经济与社会发展的重要支撑点。

在苏州建城2520年之际，由著名建筑大师贝聿铭担纲设计的苏州博物馆新馆，已经露出了崭新的雄姿。新馆以其大胆和意味深长的精准选址、体现继承和创新的"中而新，苏而新"的设计理念、追求和谐适度的"不高不大不突出"的设计原则、精益求精的高标准建设，成为一座既有苏州传统园林建筑特色、又有现代建筑艺术利落的几何造型、精巧的布局结构，以及完善的设施功能，并且在各个细节上都体现出丰富人文内涵的现代化综合性博物馆。新馆建筑充分利用空间资源来倡导文化，充满着古今文化传承、艺术表现以及科技进步的和谐美感和传神意韵，具有不朽和传世的经典意义，她和毗邻的拙政园、忠王府、狮子林等传统园林建筑珠联璧合，交相辉映，形成了一条丰富多彩的历史文化长廊。苏州博物馆新馆是贝聿铭先生建筑生涯中的封刀之作，它不仅是当今苏州的一个标志性公共建筑，更是中国建筑文化从传统通向未来的一座桥梁，成为中国建筑发展创新的一个标记。同时，它把古城苏州的文化遗产保护事业推上了一个新的平台，也为苏州博物馆翻开了全新的一页。

做好新馆硬件和软件建设两方面的工作，打造苏州博物馆精品品牌，是发展文化生产力，满足人民群众日益增长的文化需求的客观需要；是建设文明苏州，实现苏州经济社会文化和谐发展的具体实践；是时代赋予我们的历史责任。为了让更多的人了解苏州博物馆的历史与文化的发展，认识苏州博物馆的藏品和展览，提升博物馆的学术水准、社会声望和荣誉地位，充分彰显博物馆的社会价值和社会文化功能，我们将陆续出版一批有关苏州博物馆藏品以及与之相关的保护和研究方面的系列丛书，以满足广大人民群众的需求。

烟雨江南，如诗如画。面对着现代化建设的高歌猛进，古城中那随处可见的古色古香，那丝丝缕缕古意的静谧，清冷而美丽着。坚守文化的精神家园，保护、传承和光大这份弥足珍贵的文化遗产，不仅是博物馆人的工作和义务，更是生活在这片土地上的人们的崇高责任。

汤钰林
2009年5月

Preface

A scholar said that the city of Suzhou is built by the culture and only the culture can straighten her back; an official said the culture of Suzhou is the most charming and competitive.

Suzhou, called the waterside city and the paradise on earth, is located in the core area of the Yangtze River Delta. It holds the network of Taihu Lake and the key post of Grand Canal. The richer land fosters more talents. It is one of the birthplaces of Chinese civilization.

The cultural accumulation and inheritance in a long history endows a unique and integrated cultural landscape to Suzhou. The Stele "Map of Pingjiang" of Song Dynasty, engraved in 1229, now is the earliest city ichnography in the world. The layout of Suzhou "the lands and rivers lying like the double chessboards" does not change greatly up to now. The scene of "the whitewashed wall with dark gray tiles" and "the water flowing under the small bridges" let the people everywhere feel a kind of gentle cultural charm and elegant cultural atmosphere in the space of an oriental waterside city. It is peaceful and harmonious.

The rich heritage of Wu culture, beauty with connotation, not only contains the substantial forms such as the 2,500-year-old waterside city, the classical gardens, the old streets and houses, but also the art forms such as Pingtan Opera, Kun Opera, Su Opera, Taohuawu Woodcut, Calligraphy and Painting of Wumen School, Silk, Embroidery and Craftwork etc. Suzhou is full of talents from ancient to today. The rich human resource, the profound cultural foundation, the mature cultural mentality and the strong cultural atmosphere let Suzhou become the living cultural heritage and the charming city in China, even in the world.

The museum is an important stage to show the charm and competition capacity of the city. Suzhou Museum, led by the government, is a comprehensive museum concerning the local culture and history. It is the earliest museum and has the strongest comprehensive strength in Suzhou. On the basis of the protection and development of the Residence of Prince Zhong of Taiping Heavenly Kingdom (National Priority Preservative Unit of the Cultural Relics), the status of Suzhou Museum is pivotal as a significant public cultural place. Suzhou Museum collects over 30,000 cultural relics and is expert in the unearthed relics, ancient craftwork, calligraphy and painting of Ming and Qing Dynasty. Some cultural relics, from her texture to shape, not only have the local characteristic, but also have the evidence of the cultural exchange with the surroundings.

As the public cultural establishment for the collection, protection, research and exhibition of the human cultural heritage, the museum reflects the civilization and character of a city, reflects the taste, connotation and history of a city. It is the concentration and inheritance of the civilization memory. Today, the museum already becomes a kind of cultural expression universally in the nations and regions. Its purpose is to serve the society and the social development. With the background of modernization and globalization, the significance of the museum and cultural heritage is highlighted increasingly. It shoulders the important task of the culture Identity and inheriting. And it is indispensable to the modern people for pursuing their high-quality spiritual life. The museum, simultaneously, increasingly becomes the important support to the cultural, economic and social development of the nations and regions.

In the 2520th anniversary of the establishment of Suzhou city, the New Suzhou Museum, designed by Mr. I.M.Pei who is a famous architect, begins to show her new appearance. The innovative design concept is "Chinese style with innovation, Suzhou style with creativity" and the harmonious design principle is "not high, not large and not projecting". Through the bold and meaningful site choice and the high-quality construction, the new museum becomes a modern comprehensive museum with the humanism connotation. It not only has the character of Suzhou classical garden, but also the simple geometric form of modern art, the exquisite structural layout and the complete function. The construction of the new museum makes full use of the space resource to advocate the culture, harmonious with the heritage, art expression and technological development. The new museum is adjacent to the classical gardens such as the Humble Administrator Garden, the Residence of Prince Zhong and The Lion Forest Garden. They enhance each other's beauty and become a varied historical and cultural gallery. The New Suzhou Museum is the last work of Mr. I. M. Pei in his career and will be an immortal and classical construction in the world. The new museum is not only a symbolic public construction in Suzhou, but also becomes an innovative mark, which bridges the Chinese architectural culture from the tradition to the future. The new museum, simultaneously, pushes the career of the cultural heritage of Suzhou to a new stage and turns a new page of Suzhou Museum.

Improving the hardware and software, and creating the cultural brand of Suzhou Museum is the need of developing the cultural productivity and satisfying the increasing cultural requirement of the people; it is the concrete practice of the civilization construction and the realization of the harmonious development of the economy and culture in Suzhou; It is also the historical duty endowed by time. We will successively publish a series of books about the collections of Suzhou Museum, their protection and research. Let more people know the collections, exhibitions, and historical and cultural development of Suzhou Museum. It also can promote the academic research, exalt the social reputation and status, and fully embody the social value and cultural function of Suzhou Museum.

Suzhou in misty rain likes a painting or a poem. Under the background of the modernization, the antiquity still can be seen everywhere in the ancient city. It is quiet, clear and beautiful. Not only the people of the museum, but also the people living in the land have the duty to hold the spiritual homeland of the culture and have the responsibility to protect, inherit and spread the valuable cultural heritage.

Tang Yulin
2009.5

前　言

中国古代文物门类众多，在瓷器、金石、书画等明确分类之外，还有一些难以归类的精美藏品，通常被冠以"杂件"之名，或称之为"工艺品"，也有笼统按材质称为"竹木牙角器"者，然所用材质并不限于此。不过，在业内称其为杂件者居多。说它们"杂"，是因为从材质上讲，既有无机质的石头，也有有机质的丝绸；从时代上讲，上至远古，下至近代都有；从用途上讲，既有庄严神秘的礼器，也有仅供把玩清赏的弄器；从制作方法上讲，既有精雕细琢者，也有浑朴古拙、自然天成者；从原料价值上讲，既有价同黄金的田黄，也有俯首即拾的竹木……总而言之，这一类藏品无论从哪个角度来分，都很难将其归入一个大类。但它们有一个共同的特点：通常都经过巧妙的构思和加工，工艺水平较高。

苏州枕江倚湖，居运河之枢纽，食海王之饶，拥土膏之利，民殷物繁，自古就是工艺美术品的重要生产基地。自石器时代苏州就开始了工艺美术品的制造，精美的玉器、骨器等时有发现，吴越青铜铸造业更是雄冠天下。宋元以降，"衣被天下"、"苏州一府，赢于浙江全省"，苏州成了名副其实的鱼米之乡。优越的经济条件，催生了广阔的艺术品消费市场，也培育了大量的艺术门类，史称："吴中男子多工艺事，各有专家，虽寻常器物，出其手制，精工必倍他所，女子善操作，织纴刺绣，工巧百出，他处所效者莫能所及。"经过长期的生产实践，苏州逐渐产生了以细腻精巧著称的苏式工艺风格，如《天工开物》称"良玉虽集京师，工巧则推苏郡"。明清时期，苏州更是"百工技艺之巧，他处所不及"，并且产生了"陆子冈之制玉、鲍天成之制犀、周柱之冶嵌、赵良璧之制梳、朱碧山之制银、马勋荷叶李之制扇、张寄修之制琴、范昆白之制三弦子"等一批工艺大师，其绝技"上下百年保无敌手"。据地志资料不完全统计，苏州工艺品的种类达五十余种，并形成了各自的专业化分工，如虎丘捏像、新郭眼镜、横金宝石、承天寺纸作、专诸巷玉石作等。

苏州博物馆借地利之便，以保全民族工艺精华为己任，以苏做精品为重点，通过收购、竞拍，再加之王季常、袁经桢、俞平伯、何泽英、钱镛等热心人士的大力襄助，几十年如一日，孜孜以求，披沙拣金，目前已收集到各类工艺美术品3000余件，种类包括玉器、竹木器、牙角器、漆器、丝织品、泥塑等。其中王鏊旧物犀角杯、陆子冈制白玉牌、周王庙三足碧玉蟾、嘉定派三朱竹雕、潘西凤竹雕、鲍天成木雕香筒、宋缂丝凤穿牡丹图、露香园顾绣作品、沈绣济公图轴、袁经桢嫁妆以及折子戏泥人都是出自一时名家之手的传世之作。还有些作品，虽非出自名家，但也足以反映一个时代、一个地区的工艺美术特点，或技法新奇、或用料考究、或构思奇妙，亦堪称典范。

此册精选我馆能反映我国古代，尤其是苏州工艺美术成就的藏品6类，近200件组，结集出版，以满足大家欣赏、学习的需要，也为工艺美术工作者提供一个借鉴、学习传统技法的资料。

苏州博物馆学术委员会

Foreword

The antiques handed down from ancient times are made of various materials and into many categories; some of them may be exactly classified, such as porcelains, bronzes, stone inscriptions, paintings and calligraphy, but many of them still deny any clear classifications. Usually, we name these antiques as "Miscellanies" or simply call them "handicrafts" or sometimes generally call them by materials as "bamboo, wood, horn and ivory wares". However, their materials are not limited in these named ones at all. Therefore, in the collection field, they are called together as "Miscellanies". The nature of "Miscellanies" comes not only from their diversified materials – from stone to silk, their long-spanned dates – from prehistoric period to modern times, their usages – from sacred and respected ritual vessels to comic toys, but also from their making skills – some of them were made delicately and precisely, while some were made by simply processing procedures as naturally formed; and the values of their materials – from precious Tianhuang (Field-yellow) Stone, whose price is times of gold, to bamboo and wood, which can be picked up everywhere......in general, they could not be attributed to any classification by any exact nature. However, these items have a common feature: they were all made with ingenious conception and dexterous skills and highly qualified in craftsmanship.

Suzhou, which is located between the Yangtze River and Taihu Lake and beside the Grand Canal which was the communication and transportation artery in ancient China for over 1000 years, has special advantages of sea and land products, dense population and prosper commerce. Since the archaic times, handicraftsmen have been creating excellent artworks here. The finely processed and delicately decorated jades and bone implements of Neolithic Age and bronzes of the Eastern Zhou Period are found in many locations. From the Song and Yuan Dynasties, Suzhou region became a "Land of fish and rice" which "supplies the whole nation": "the contribution of Suzhou Prefecture to the national revenue is more than that of entire Zhejiang Province". The favorable economic condition promoted consuming market of artworks and cultivated large amounts of art categories. It is recorded in historic literature that "in the Wu Prefecture (Suzhou), most of the men are experts of all handicraft walks, even common utensils made by them are usually much more elegant and closer than those made in other places; women are good at weaving, knitting and embroidering, what they produce are also elaborate whose counterparts in other places can hardly emulate." The long-lasting productive and artistic practices raised the "Suzhou Style" with precisely processed details and handsomely modeled shapes as features. It is praised in Tiangong Kaiwu天工开物 (The Exploitation of the Works of Nature, by Song Yingxing宋应星) that "the best jades are gathered in Beijing indeed, but the best jade workers are all in Suzhou": in the Ming and Qing Dynasties, the craftsmanship in Suzhou reached its climax. During this period, the great handicraft masters such as "Lu Zigang of jade carving, Bao Tiancheng of rhinoceros horn carving, Zhou Zhu of lacquer-inlaying, Zhao Liangbi of comb making, Zhu Bishan of silverware making, Ma Xun and Heye Li of fan-making, Zhang Jixiu of Qin琴-zither making, Fan Kunbai of Sanxian三弦 (three-string fiddle) making" appeared, whose "unique skills will be peerless in over centuries". The incomplete statistic data from local history showed that the craftsmanship in Suzhou could be assorted into more than 50 categories, most of which have formed specialized divisions, such as figure molding in Huqiu, glasses in Xinguo, jewelry processing in Hengjin, papermaking and refin-

ing in Chengtiansi Temple, jade and stone carving in Zhuanzhu Alley, and so on.

With the favorable environment, Suzhou Museum sees the preservation of Chinese traditional craftsmanship essences as our own responsibility, and tries to collect and protect the handicraft artworks, mainly those made by local artists and in local workshops. By eager seeking and careful weeding, Suzhou Museum collected more than 3,000 pieces and sets of artworks in miscellaneous categories through purchasing, auction, and with the donations and assistances of the enthusiastic connoisseurs and amateurs including Wang Jichang, Yuan Jingzhen, Yu Pingbo, He Zeying and Qian Yong, to name a few. Among our miscellany collection made of jade, bamboo, wood, ivory and horn, lacquer, silk, clay and so on, the Rhinoceros horn cup ever owned by Wang Ao, a famous official of the Ming Dynasty, white jade plaque carved by Lu Zigang, spinach-green jade three-legged toad collected in Zhou Wang Temple, bamboo carvings by the "Three Zhu" of Jiading School in the Ming Dynasty and Pan Xifeng in the Qing Dynasty, the wood carving incense pot by Bao Tiancheng, the Tapestry Silk with Phoenix flying among Peonies embroidered in the Song Dynasty, Gu Embroidery in Luxiang Garden, embroidered scroll of Priest Daoji's portrait by Shen Shou, dowries of Yuan Jingzhen and the scenes of traditional operas composed of clay figurines are all masterpieces created by celebrated masters. Some other collection pieces, although not made by famous artists, are also models showing features of the craftsmanship of a period or an area -- their innovative techniques, particularly chosen materials or fantastic designs.

We selected about 200 pieces or sets of miscellanies in six categories which can reflect the achievements of Chinese traditional craftsmanship, especially which are related to Suzhou, and publish them in this volume for our patrons and readers to appreciate and study, and for the craftsmanship artists and researchers as reference.

Academic Committee, Suzhou Museum

玉

器

玉凤
Jade Phoenix

周 Zhou

长5.5厘米

凤作栖息状，圆圈眼，昂首张喙，头上花冠挺
立，翅尖上翘，突胸大尾。为片件，单面工，用
阴线刻出羽毛和足爪。

玉凤

Jade Phoenix

战国 Warring-states Period

高3.5厘米

玉质洁白，有褐色沁。勾喙，圆目，修冠，昂首
欲飞，尾翎修长，凤翼及翎上阴刻线刚劲有力，
与江苏无锡鸿山越国墓葬出土的战国玉凤有异曲
同工之妙。

玉鱼
Jade Fish

唐 Tang

长11厘米

为唐仿战国之作。鱼嘴方阔，有腮，以细阴线琢出小圆眼及眼珠，以斜方格纹饰鱼鳞，以粗阴线雕出鱼尾和鱼鳍。两面工，上下腹部各有一孔。鱼形体态丰满合度，体现了唐代高超的仿古技法。

玉龟
Jade Tortoise

唐 Tang

长7.7厘米 宽5.1厘米 高2.7厘米

龟以白玉琢成，玉色白中微黄，并有棕黄色玉
络。其形为头前伸上昂，唇鼻上翘，双目圆瞪，
顶生独角后垂，隆背，肩微耸，五爪四足内向抱
胸，后尾左上翘于背。

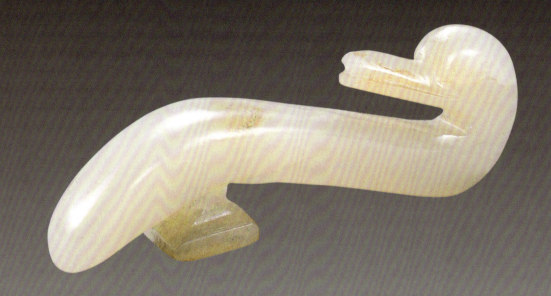

白玉带钩
Jade Belt Hook

宋 Song

长12.7厘米

青白玉，玉质温润细腻。鹅首，长喙，额头高
突。钩身拱起，光素无纹，底部有一方脐。（王
和捐赠）

玉雕双獾

Jade Mother and Baby Badgers

宋 Song

长7.7厘米 高2.9厘米

色白微黄，有棕色玉络，并带有棕黑色玉沁。琢
大小两獾，大獾张口露齿，双耳下垂，两目瞪
视，向右回首，爪前后交叉，腿双屈而伏地，尾
向左前盘屈，尾根处钻出小獾头，小獾向右前伏
于大獾臀上。

玉龙环
Jade Dragon Ring

宋 Song

直径6厘米

玉质温润，有沁。龙首尾相接为环形，龙身琢云
纹，尾部渐细分为数节。

玉螭龙双耳杯
Jade Cup with Openwork Dragon-shaped Handles

明 Ming

口径8.6厘米 底径4.2厘米 高5.5厘米

玉质细腻。直口，圈足，两侧及杯沿镂雕螭龙为装饰。一对螭把手显得生动可爱，四足紧贴杯壁，口衔杯沿作攀爬之状，表现出轻松灵动的情趣。

白玉螭虎大洗

Jade Writing-brush Washer with Openwork Hornless
Dragon and Tiger-shaped Handles

明 Ming

口径13.6厘米 底径8.5厘米 高11.8厘米

敞口，宽折沿，阔腹直壁，平底，圈足。口沿上
盘曲三条螭虎。螭虎为虾米眼，无角，双耳后抿
贴于脑后，耸肩，前爪攀于口沿，身体呈弓形，
形成把手。

玉饕餮纹杯
Jade Cup with Taotie (Ogre Mask) Patterns

明 Ming

口径6.2厘米 高5.6厘米

杯口微侈，深腹，圈足，透雕一对饕餮把手。口
沿外壁饰回纹一组，腹部饰回纹地饕餮纹一周。

白玉乳丁匜
Jade Yi-ewer with Nipple Patterns

明 Ming

口径10厘米 底径3.3厘米 高6厘米

玉质洁白。口带长流，圈足外撇。杯身饰乳丁
纹，以一透雕龙形为把。造型规整，工艺精湛，
堪称仿古玉器的精品。

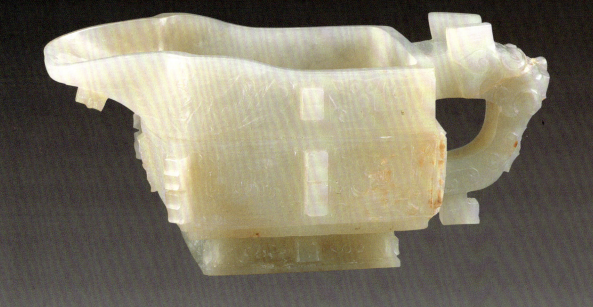

白玉夔凤饕餮纹方匜

Jade Square Yi-ewer with Kui-uniped Dragon, Phoenix and Taotie (Ogre Mask) Patterns

明 Ming

长13.2厘米 宽6.3厘米 高6厘米

由整块玉料琢成，分上、中、下三部分。上部为口，前凸而后方，凸出部分为流，口沿外侧饰夔纹、凤纹。中部为腹，饰浅浮雕兽面纹。下部为长方形圈足，饰夔纹。柄为兽首形，巨耳，粗眉，张口，其外饰勾云纹。

白玉匜
Jade Yi-ewer

明 Ming

口径10.4厘米 长13.2厘米 高4.6厘米

明代饮酒器。杯身略作腰圆形，带长流，椭圆形
圈足。素面无纹，以一透雕龙首口衔匜沿为耳。
（王季常捐赠）

拱璧形长方佩
Bi-disc-shaped Jade Plaque with Phoenix-shaped
Brackets

明 Ming

长7.9厘米 宽4.5厘米

白玉质，经打磨加工后呈"凸"字状。玉佩正反
两面雕琢纹饰一致，中为仿古玉璧状，谷纹。上
下镂雕对称如意孔各一个，孔两侧饰变形凤凰
纹，羽毛似变形饕餮纹。

青白玉，玉质莹润。侈口，腹微鼓，圈足。碗外
腹琢芦雁两对，做翻飞、啄草、嬉戏等状，雕刻
飘逸生动。此碗线条优美，琢工精细。

白玉芦雁纹碗
Jade Bowl with Incised "Wild Geese and Reeds" Scene

清　Qing

口径14.6厘米　底径7厘米　高6.9厘米

青白玉，玉质莹润。侈口，腹微鼓，圈足。碗外
腹琢芦雁两对，做翻飞、啄草、嬉戏等状，雕刻
飘逸生动。此碗线条优美，琢工精细。

白玉素盖碗（一对）
Plain Jade Tureen (a Pair)

清 Qing

通高7.4厘米　碗高4.8厘米　盖高2.9厘米　盖口径 11.1厘米

白玉，无杂质。侈口，圈足，通体光素无纹。器 形规整，琢磨圆润，闪玻璃光泽，为同类器中之 精品。

碧玉西番菊花盘

Jasper Plate with Chrysanthemum-petal-shaped Lobes,
Hindustani Style

清 · 乾隆　Qianlong　Era, Qing

口径20.1厘米　高4厘米

玉料呈碧绿色。圆形，侈口，菊瓣形圈足，通体
如一朵盛开的菊花。盘壁较薄，厚度均匀，雕琢
工艺精细，代表了乾隆时期制作薄胎玉器的最高
水平。

碧玉八棱双耳环番莲大洗
Large Octagonal Jasper Basins with Passion-flower
Designs and Swing Ring Handles

清 Qing

长43厘米 宽29.3厘米 高8.4厘米

大洗用优质菠菜绿碧玉雕琢而成。八边形，整器
壁薄，均匀明净，光滑鉴影，具有较高的透明
度，抛光技艺精湛，制作工整。

白玉双耳龙杯（一对）

Jade Cups with Symmetric Hornless Dragon-shaped Handles (a Pair)

清 Qing

长11.3厘米 宽6.8厘米 底径3.1厘米 高4.5厘米

通体作圆形，杯体与底足光素，无纹饰。两侧雕琢对称的螭龙为耳，螭龙口衔杯沿，四足爬于杯壁，前足抓住杯口，四趾毕现，后足有鬃毛飘拂，躯干弯曲，作向上匍爬之状，背有脊，龙身布满鳞纹，体态极为生动。在龙脊及后足外沿处有少量浅酱色玉皮，作俏色装饰。

白玉螭虎圆杯
Round Jade Cup with Hornless Dragon-shaped Handles

清 Qing

底径4.7厘米 高4.8厘米

青白玉，间有褐色。直口，深腹，圈足，杯身及
左右双耳雕刻螭虎三条，两大一小，系子母螭。
螭虎下颚置于杯沿上，身躯弯曲接附于杯体，下
端两侧形成杯把。

白玉粉皮青饕餮纹簋

Jade Gui-vessel with Taotie (Ogre Mask) Pattern and Raw Surface

清 Qing

口径14.6厘米 底径9.4厘米 高10.1厘米

圆形，敞口，颈部微内收。簋两侧各有一个兽吞式耳，器身两面图案相同，每面各有两个用作装饰的出脊，中部为凸雕片状饕餮，圆形出脊圈足。

白玉海屋仙鹤折方盒

Jade Case with Embossed Design of Sea Wave, Pavilion and Crane

清 Qing

长10.9厘米 宽7.8厘米 高2.8厘米

羊脂白玉，玉质洁白。长方形，平底，子母口，倭角。盖面雕刻海市蜃景：海面近处矗立一巨石，空中白云飘飘，一仙鹤口衔仙草飞向远处楼阁。此方盒纹饰为"压地"碾琢，凸出阳文线条，如同白描画一样。

白玉螭虎圆盖瓶

Jade Vase with Hornless Dragon Figures and Lid

清·乾隆　Qianlong　Era, Qing

高18.8厘米

瓶为长颈、深腹，有盖。腹底、颈部用褐色的玉皮俏作螭虎数条。该器的螭虎琢得活灵活现，生动可爱，体现了清代玉雕的最高水平。

白玉双蝠桃洗

Jade Peach-shaped Writing-brush Washer with Two Bat
Figures

清·乾隆 Qianlonng Era,Qing

高6.7厘米

青白玉质，细腻温润。尖桃形，小口，深腹，整
器以两只蝙蝠匍匐于一只带叶的桃子为造型。该
造型包含了"福"、"寿"两种寓意，构思巧妙。

白玉粉皮青荷叶洗
Jade Lotus Leaf-shaped Washer

清 Qing

宽19.8厘米 高3.6厘米

整器呈一扁平稍卷起的荷叶形，洗外壁以减地阳纹的形式琢成带有柄、脐的荷叶，并琢出微突的叶脉。明清的荷叶形洗一般都十分写实，摹刻逼真。荷叶洗是明清时期流行的形式，立意独特，受人爱赏。

翡翠喜鹊梅花洗
Jadeite Flower-shaped Washer with Plum Blossoms
and Magpie Figures

清 Qing
口径约12厘米 高7.9厘米

翡翠雕成。主体是一朵肥硕盛开的玉兰花，花瓣
向外翻卷，底座为盘根纠结的梅枝，并向上面的
洗壁仰展，梅蕊绽苞。作者利用翡翠中黄绿的自
然俏色，雕四只喜鹊，口沿上两只黄喜鹊，扭身
相对，展翅欲飞，另有两翠绿喜鹊栖息于外壁的
梅枝上，上下呼应。作品颇有巧思，寓"喜上眉
梢"之意。

水晶花插
Crystal Flower Vase

明 Qing

口径6.5厘米 高7厘米

水晶质，无色透明。花插呈喇叭状，深腹，器身
满饰浮雕折枝松树、梅花，晶莹剔透，似傲雪迎
霜。

白玉鸣凤在竹花插
Jade Bamboo-shaped Flower Vase with Singing Phoenix Figure

清·乾隆 Qianlong Era, Qing
口径4.1厘米 底径5.1厘米 高7.1厘米

白玉，稍闪青。花插雕琢成竹节形，直腹。在器物四周施以浮雕、浅刻等技法。一竿翠竹紧贴花插而生，一只凤鸟立于竹旁，曲颈回首，作鸣叫状。

白玉梅竹花插

Jade Bamboo-shaped Flower Vase with Plum Blossom Designs

清　Qing

口径3.2厘米　高9.6厘米

青白玉，略带皮色。直腹，扁圆形，花插下部浮
雕竹子并饰有灵芝三朵，旁附镂雕松树，枝叶茂
盛，以求整体上的平衡，花插上部浮雕折枝梅花
两枝，并绕花插一周。

玉凤竹双管花插

Dark Green Jade Flower Vase with Bamboo-shaped
Tube and Singing Phoenix

清 Qing

高16.1厘米

青玉质，色略暗。形制为竹节及扁瓶相连式，竹
节外雕有一凤回首栖息。扁瓶与竹节相并，中间
有一条带状纹饰。

碧玉蟾

Jasper Three-legged Toad

明 Ming

长49厘米　宽28厘米　高13.8厘米

此蟾用重达25.5千克的整块天然碧玉，经苏州能
工巧匠精心雕琢而成，生动逼真，极富艺术效果
和审美意境，是一件难得的艺术珍品。20世纪50
年代由苏州博物馆征集，此前供奉在苏州玉业公
所——周王庙内。

棕晶太少狮摆件
Rutilated Quartz "Lion and Cub" Ornament

清 Qing

高9.5厘米

水晶质，透明呈茶褐色，晶体内有猪鬃般花纹。全器雕琢成"太师少师"图意。大狮伏卧，一前爪紧抓绣球，戏于头下，绣球之彩带飘伏于狮身下。两只小狮一左一右伏于大狮身背处。三狮全身毛发顺势向脊背两侧整齐散开，大狮背部刻圆形图案，由颈至尾成弧形排列，尾上翘贴于臀部，尾端毛发作八字散开，小狮背脊阳刻曲线一条。摆件造型精美，雕刻精湛。为水晶雕之精品。

白玉双鹅摆件

Jade Couple Geese Ornament

清 Qing

长4.6厘米 宽5.9 厘米

白玉料雕琢而成，玉质莹润细腻。器形纤巧玲
珑，底部用浅雕、阴刻等手法刻画出激流浪花，
浪花中两只白鹅一前一后作嬉戏状，口衔莲花、
荷叶。前鹅曲颈转首，与后鹅对视，所衔叶茎与
后鹅相连。两鹅神态自若，雕琢细腻，生动可
爱。水波、激浪极富动感，充满浓郁的生活气
息。

白玉瑞兽驮书摆件
Jade Ornament of Auspicious Beast Carrying Books

清 Qing
高6厘米

瑞兽卧伏于云海之上，朵朵祥云布满器物底部，作冉冉升起之势，载着瑞兽飘游于云海之间。瑞兽头转向左侧，两眼圆睁，头部毛发向后披散、角作弧状向后弯曲，阔嘴张启，吐出祥云，连于兽背，云瑞驮书。瑞兽四足为蹄状，屈膝处阴刻麟片状纹饰，形似神话传说中的麒麟。

红玛瑙独角伏兽
Red Agate Squatting Unicorn

清 Qing

高5.3厘米

伏兽用红白相间的玛瑙雕琢而成。四足伏卧，头微抬，嘴微张，用阴线条勾勒出嘴唇、鼻子和眼框，两眼微凸，双眉隆起，目视前方，独角弯伸至颈部，耳部毛发突起向后披，尾上翘，兽身阴刻卷云纹。

白玉双牛衔禾摆件
Jade Ornament of Cow and Calf Holding Rice Ears in Mouth

清 Qing

长13厘米 宽9厘米 高7厘米

大小二卧牛首尾相接。大牛形象朴实肥壮,头微抬,额头平阔,双目圆睁,双角呈圆弧状向后弯曲,两耳左右平伸,尾巴紧缩,盘于臀部。小牛侧卧于大牛身旁,首稍仰,双角略凸出。两牛口衔禾穗,茎叶相连,穗头撒落于两牛背部。全器以圆雕、浅刻等技法雕琢而成,造型简练朴素。

碧玉三羊摆件
Spinach Green Jade Triple-sheep Ornament

清 Qing

长6.8厘米 宽5.2厘米 高3.9厘米

碧玉琢成一母二子组成的三羊。母羊鼻坚挺，耳
下垂，两角向下盘曲于耳前，头左转向后观望，
胡须长垂于背，四足伏地而卧，尾左屈于后腿。
旁边卧伏一小羊，双角向前盘曲于耳前，仰头观
望，尾向左弯曲于母羊后腿。另一幼羊卧于母羊
左后腿上，与母羊相视。造型为三羊仰望太阳，
寓意"三阳开泰"。

翡翠小象（一对）
Jadeite Elephants (a Pair)

近代 Modern

宽13.4厘米 高6厘米

翡翠质，浅绿色，局部略有艳绿和黄色。小象头
微抬，目视前方，象鼻作弧状弯曲，两耳后贴，
象牙前倾突出，尾垂于后腿部。全身阳刻线纹，
略加修饰。形态逼真，造型稳健，雕工简洁。

大狮阔嘴露齿，双目圆瞪，粗眉小耳，颈上涡状
鬣毛一束卷起，背脊外突饰连续圆珠，尾上翘。
三只少狮，绕太狮嬉戏玩耍，形象生动可爱，充
满活力。太狮腹下阴刻楷体"子纲"款。

碧玉太少狮
Spinach Green Jade "Lion and Cub" Ornament

近代 Modern

高5.1厘米

黑白玉根猫
Jade Cat with Natural Stripes

民国 Minguo

高10.1厘米

以天然玉根雕琢而成，间以黑白纹俏作。玉猫前肢直立，后肢屈伏，头侧向左，眼紧盯前方，两耳直竖，尾巴向左弯曲。采用圆雕、浅雕、阴刻等手法，造型逼真，神形俱备。

白玉羲之戏鹅山子

Jade Boulder with "Wang Xizhi Playing Geese" Scene

清 Qing

宽15厘米 厚2厘米 高15.5厘米

白玉质，略带赭色沁斑。山子随形而琢，正面以晋代大书法家王羲之爱鹅的故事为题材，画面浮雕山水巨石，遍山古木苍松，山腰处一老者端坐于石台上，身旁立一侍童，溪水中的一对白鹅与孩童戏耍。背面亦雕重山叠嶂，古松参天，树木葱郁，在峻险的山岩与峥嵘的峭壁间，两朵祥云，缓缓游动。整个玉山子雕琢技法精湛，层次感强，极富山野情趣和生活气息。

白玉皮子达摩山子
Jade Boulder with Standing Portrait of Bodhidharma
in Landscape

清·乾隆 Qianlong Era, Qing
高14厘米

白玉质。正面凹陷，用深雕、浅雕、阴刻等技法
琢成。玉山上苍松参天，洞壑深邃，洞穴中群石
层叠，流水潺潺。洞中达摩祖师身披袈裟，肩荷
禅杖，足踏芦苇，飘流在水波之中。表现了达摩
祖师云游四海、普渡众生的意境。

白玉人物槎
Jade Boat with Human Figures

清 Qing

长19.7厘米

玉质莹润细腻。以柳树干作槎，槎尾立弯曲的柳枝，槎底与周边阴刻水花纹。槎上前后分立四人：妇人槎后执桨，旁立一孩童，天真可爱，槎头一老一少正撒网捕鱼。槎中一大竹筐，可盛装捕获的鱼虾。人物造型栩栩如生，琢工精细。

白玉立相老人槎

Jade Immortal Figure in Auspicious Cloud as Boat

清 Qing

高4.2厘米

玉质细腻温润。以圆雕、浮雕、阴刻等技法表现
仙人浮槎的神话故事。以祥云云团作槎，一缕瑞
云顺云团向上翻卷，尤如云海组成的假山仙境。
槎底阳刻云纹。一老者立于槎内，手持灵芝，神
态自然安详，衣袖随风轻轻飘动，似玉槎在天河
云海中飞速行进。

都灵坑坐相达摩
Seated Statue of Bodhidharma made of Tianhuang
(Field Yellow) Stone Quarried from Duling Pit

清 Qing

高5.4厘米

达摩面庞方阔饱满，眼微合，唇含笑，髭横生，表情和悦，无须无髯，颇似女相。戴风帽，穿敞胸长衫，外着披肩，右腿盘坐，左腿支起，身体微侧。寿山石因质量与产区不同而有田坑、水坑、山坑之别。此坐相达摩，质地润泽细密，微透明，色黄如熟栗，肌理含金属砂点及粉白色，是都灵坑余脉石材所制。

田黄老人
Tianhuang (Field Yellow) Stone Seated Old Man Statue

清 Qing

高5.8厘米

田黄呈黄色半透明状。枝槎盘曲成椅，老人依槎
而坐，宽额大耳，双目微合，面带微笑，发挽后
髻，长髯垂胸，左手抚膝，右手持灵芝，身着大
袖宽衫，裸胸露腹，腹部镶嵌一颗红宝石，恰似
衣扣。田黄是寿山石名品之一，以黄色最常见，
结晶中有萝卜纹，产于福建福州城北芙蓉山。

白玉鸳荷摆件
Jade Ornament of Mandarin Duck Playing Lotus

清 Qing

长10.4厘米 宽4.1厘米 高9.5厘米

玉质白中泛青,表面留有部分黄色皮子,为籽料
俏雕而成。鸳鸯口衔荷枝,荷叶、荷花分别卷垂
于两侧,身下卷边荷叶浮托,使鸳鸯隐现于荷叶
之上。造型取之于生活,灵巧生动,富于想象。

粉皮青玉三桃摆件
Pinkish Jade Ornament of Three Peaches on one Branch

清　Qing

高5.3厘米

玉质细腻温润。底部镂雕折枝枝叶，在枝叶上结着三颗大小不一的寿桃，枝叶顺桃身向上攀生。桃身表面俏色浮雕飞翔的蝙蝠一双，寓意"多福多寿"。

白玉桃榴佛手摆件
Jade Ornament of Peach, Pomegranate and Fingered Citron

清·乾隆 Qianlong Era, Qing

长14.8厘米　高5.8厘米

白玉带黄色玉皮，白中微闪青，略有褐色沁斑。在一块玉料上雕琢桃、榴、佛手三种水果。底衬稀疏枝叶，并有枝叶顺桃、榴向上攀生。在桃顶部俏色皮子浮雕蝙蝠一只。佛手呈橙黄色俏作，依偎在桃、榴之间，石榴顶端开小花一朵，果皮绽裂，露出颗颗榴粒。

白玉镂空竹摆件

Jade Ornament of abreast Bamboos in Openwork

清 Qing

高14厘米 宽2.9厘米

玉质温润细腻有光泽。器长而略呈扁圆柱形，运用镂雕、浮雕、阴刻等手法，雕琢一粗一细挺拔的双竹，似分实连。两枝竹平行而生，新枝附着向上伸延，竹节处凹凸自然，竹枝、竹叶层次分明，生机勃勃。器物造型独特，意境清新，将竹子的特征和品性表现得惟妙惟肖。

蝉形玉琀
Jade Cicada (Mouth Amulet for Dead)

清 Qing

长4.6厘米

造型略扁，头呈弧形，凸眼，背部刻划双翼。上腹部有两条交叉的弧线，表示蝉的鸣腔，下腹部以弧形横线表示蝉的腹节。造型准确，纹饰简洁，线条凝练挺拔，走刀处见棱见锋，表现出匠师高超的造型能力，显示了"汉八刀"的底蕴。

白玉梅花转心长方佩（一对）

Jade Ornament Plaques with Rotatable Cores (a Pair)

清 Qing

长8.9厘米 宽3.3 厘米

白玉质。长方形，两件图案、纹饰相同。正反两面上端镂雕、阴刻蝙蝠、如意等图案。中部用阳刻、阴刻等技艺构成外方内圆边饰，取古钱之意，内置圆形活片，活片上阴刻团形瑞兽纹。中下方框内饰折枝梅花，此处背面为素面。下部镂雕、阴刻天鸡，羽毛飘逸似带。

双凤玉牌
Jade Double-phoenix Pendant

清 Qing

长7厘米 宽4.7厘米

玉牌作花瓶形，边缘有如意和卷草纹装饰，双面雕刻。一面雕两只凤凰相对，凤冠长披，尾高翘。底部雕荷花纹饰为点缀。另一面中间刻圆形篆体寿字，上下刻两只对称而有变化的蝙蝠，眼睛圆瞪，展翅扑向寿字。

碧玉花囊

Spinach-green Jade Sachet

清 Qing

长8.2厘米 宽7厘米

碧玉质，呈菠菜绿色。镂雕成荷花形，由囊盖及囊袋组成，香囊为前后两片相拼，囊袋雕出荷茎，通体镂雕姿态各异的荷叶及怒放的荷花。囊袋上面罩有覆莲盖，盖边荷叶形，其上浮雕荷花，枝茎婉转，盖上部有中间拱起两端雕如意头的龙形柄，如意头的下部凸出，插入盖上的两孔内。囊袋上下各饰珊瑚珠一颗，下部另配有白玉六角形花球、料珠和穗。

田黄卧马
Tianhuang (Field Yellow) Stone Squatting Horse

清 Qing

宽5.5厘米

马呈跪卧状，团身回首，头略上仰。躯体塑造饱
满，肌肉处理真实有力，鬃毛整齐，马尾随体形
附收。

白玉大象
Jade Elephant

清 Qing

长14.8厘米 宽6.4厘米 高9.7厘米

圆雕。象站立回首向右，体态健硕。臀上一孩
童，身着短衣长裤，足穿长筒靴，右手拿两枝菊
花，左手持树枝，左腿屈起，右腿蹬直，正向上
攀爬，神态怡然，富有浓厚的生活气息。

白玉俏色双猫

Jade Double Cat with Natural Colors

清 Qing

长5.2厘米 宽2厘米 高2.6厘米

玉质润泽，色白，带有黄褐色皮。雕两只相对的
大猫栖息于弯曲的树枝上。一只昂首蹲伏，尾向
内卷，一只四肢伸展，目视前方，蓄势待发。枝
叶纹理清晰，猫的体态刚劲，巧妙地利用玉的
皮色作为猫的毛皮颜色，毛皮纹饰刻划得清晰可
见。

白玉双獾挂件
Jade Double Badger Ornament

清 Qing

长6.2厘米 厚2.1厘米 高3.8厘米

玉质滋润，白色。雕两只獾，一只屈腿仰卧，昂
首翘尾，另一只相对而卧于其上，头紧贴其上翘
弯曲的尾部，后足力撑其颈部与头相倚。獾的体
态健硕，四肢粗壮，形象生动，静中有动，表现
出动物在嬉戏中的温顺、安宁之态。

玉鹤
Jade Crane

清 Qing

长11.5厘米 厚4.2厘米 高7.8厘米

以白中泛青的玉琢一席地而栖的白鹤，双翼向后
环抱，尾下垂，赤顶高耸，修颈，长喙衔灵芝。

白玉如意
Jade Ruyi-Scepter

清　Qing

长38厘米

如意首琢山石云纹，其下一驾鹤仙人与一老者在
论道。柄为长条形，面琢寿桃，后琢蝙蝠及如意
头云纹。柄尾部稍宽并收尖，有一象鼻穿。

翡翠三镶如意
Sandalwood Ruyi-Scepter with Three Jadeite Inlays

清 Qing

长42厘米

红木制作并嵌银丝，首、身、尾镶包金翡翠璧，
上饰牡丹、蝴蝶、蝙蝠等纹饰。沉黯华美的红木
器身衬托着三镶翡翠，富丽华贵，为清代中期的
装饰风格。

黄玉书镇
Yellow Sapphire Book Weight

清 Qing

长8厘米 宽5.7厘米 高2.8厘米

书镇为不规则卵形，玉质细密，温莹润泽，色淡
黄，内有黑斑，并带红色斑点。随形浮雕云龙戏
珠，云头重重，龙身隐掩其中，龙首及前胸、左
腿、右爪则拨云而出，极尽矫腾之势。（王和捐
赠）

白玉书镇
Jade Book Weight

清 Qing

长2.2厘米 宽4.2厘米 高2.9厘米

白玉，温润细腻，包浆醇厚。长方形，上雕螭虎，匍匐状，头略伸仰，双目前视，粗眉宽嘴，双耳后抿，贴于脑后。（王和捐赠）

白玉玺
Jade Seal

清 Qing

长7.6厘米 宽7.5厘米 高9厘米

玉质细密，温莹润泽，白色中略闪青色。印面正方，琢阔边朱文"显佑正烈宣灵王印"八字，篆字布局平匀，剔地平齐。钮琢舞狮，卷毛头，卷草尾，毛发披脊，蹲身侧首，一前腿按绣球，口中含绶带，颈系铃。此玉印原为苏州阊门外宝林寺西"周王庙"中的镇庙之玺。周王庙最初由苏州琢造玉器业创建于嘉庆十三年（1808年）四月，嗣后庙火鼎盛，逐渐形成古董珠宝玉器等铺之共同商市。

白玉瓜瓞绵绵烟壶
Jade Gourd-shaped Snuff Bottle with "Guadie Mianmian 瓜瓞绵绵" Inscrption

清 Qing

高9.4厘米

烟壶以白玉籽料制成，随形琢成瓜形。壶身阴刻瓜棱，浮雕蔓叶，一小瓜结于绵绵藤蔓之中，瓜蔓间阳刻"瓜瓞绵绵"四字隶书。烟壶配以红珊瑚枝柄匙，镶嵌绿松石为盖。壶底阳刻"子冈"款。《诗·大雅·绵》曰："绵绵瓜瓞，民之初生，白土沮漆。"《疏》云："大者曰瓜，小者曰瓞。"大瓜小瓜累累结在藤蔓上，是世代绵长、子孙万代的绝妙象征。

料胎珐琅烟壶

Glass Snuff Bottle with Enameled Flower and Bird Designs

清·乾隆 Qianlong Era, Qing

高6厘米

烟壶呈扁瓶状，用白色半透明玻璃制成壶体，圆口、短颈、圈足。壶身以珐琅彩绘。颈部绘如意纹边饰，并有梅花连缀在云纹间。腹部一面画绶鸟双栖于桃树，树下布山石、萱花、野菊。另一面画山花一枝，由山石中横突而出，布满整个画面，下有蜜蜂、萱草、牡丹作点缀。壶底以八朵祥云环成一圈，圈足内白地蓝料署"乾隆年制"四字楷书款。银嵌粉红珊瑚盖，带匙。整体纹饰精美，画工细致，色彩艳丽。

鼻烟壶

Snuff Bottles

清 Qing

宽3.2厘米 高6.1厘米

鼻烟壶是专门用来存放鼻烟的容器，虽然小不盈握，但其制作工艺却极为讲究，用材广泛，有玛瑙、料器、水晶等，集雕琢、书法、绘画等技艺于一身。此组鼻烟壶为多色套料玻璃鼻烟壶，扁瓶式，盖内均有一支象牙小匙。苏州为清代鼻烟壶制作的一个重要地区。

竹木器

竹雕蕉荫梳妆笔筒
Bamboo Carving Writing-brush Pot with Figures of
Women Dressing under Banana Tree

明 Ming

径10.2厘米 高14.6厘米

以浅浮雕兼线刻法表现二女仆侍主母梳妆的场
景。仕女高额广颐，身材颀长，衣裳、用器均是
典型的明中期样式。雕刻稍显僵硬，却又透出一
种朴拙的气质。这应是一件草创期的竹刻作品。

朱三松竹雕春闺幽思笔筒

Bamboo Carving Writing-brush Pot with Figure of a Beauty in Reveries, by Zhu Sansong

明 Ming

口径7厘米 底径6.8厘米 高14.8厘米

一仕女置身湖石之间，抱琴支颐，若有所思。石间斜插红杏一枝，春燕穿梭其中，撩人眼目。在岩旁虚空处镌诗一首，诗下镌"三松"款。此器融浮雕、圆雕于一体，强调疏密变化，画面层次丰富，用刀圆润劲利，为朱三松真迹。

朱三松，名稚征，嘉定人，明代崇祯时竹刻名手，擅刻笔筒、人物及蟹、蟾蜍之类。

朱三松竹刻桐荫玩月笔筒

Bamboo Carving Writing-brush Pot with "Enjoying Moon under a Chinese Parasol Tree" Design, by Zhu Sansong

清·康熙 Kangxi Era,Qing

口径5.1厘米 底径5.5厘米 高10.4厘米

笔筒浅浮雕一组玲珑透剔的湖石假山,其间植梧桐一株,高入云端,又有修竹数竿,一轮满月浴于云中,下有二仕女,一倚于石,作观月状,一蹀躞而行,画面充溢着生活情趣。款镌"丙午秋日,三松",书法有董其昌风格,因此应为清初作品,丙午为康熙五年(1666年)。

顾珏竹雕人物笔筒
Bamboo Carving Writing-brush Pot with Human Figures in Landscape Background, by Gu Jue

清 Qing

口径5.5厘米 底径5.4厘米 高11.9厘米

口作鳝脊式，下承三矮足，枣红色。器壁环雕松竹，林中坡台间群贤毕至，一组听琴，一组弈棋，各得其所。整器用刀深峻，跳顿有力，不作矫饰。在造型上一反早年精雕细琢的风格，竹树枝叶以块面形式处理，带有浓重的装饰效果。人物也不拘泥于形似，约略数刀而神态毕现，且参用深刻和镂雕法，准确圆熟，富有变化。署隶书"顾珏"二字款，镌"宗""玉"连珠印一方。

潘西凤竹雕虫草笔筒
Bamboo Carving Writing-brush Pot with Insect and Grass Design, by Pan Xifeng

清 Qing

口径6.2×5.3厘米 底径6.5×5.6厘米 高12.8厘米

笔筒以椭圆形竹段为干，上缘削成敞口，下部镶
以紫檀托底，承以三矮足。刻划雏菊二本，秋草
数茎，一螳螂栖居其上，反身举起镰螯，右上一
蝇徐徐而降。作品全然似一幅宋人小品画，精
练紧凑，富有生机。外壁正中刻有"松岩珍藏"
阳文印章一枚，近底处款署"三松"，镌印曰
"潘"，应为潘西凤仿朱三松之法而作。

潘西凤，字桐冈，号老桐，浙江新昌人，寓居扬
州，耿介不群，以布衣终身。精刻印，善制竹，
时人誉为濮仲谦后第一人。

周颢竹刻枯木竹石笔筒
Bamboo Carving Writing-brush Pot with Withered Tree, Bamboo and Rockery Designs, by Zhou Hao

清 Qing

口径3.8厘米 底径4.5厘米 高10厘米

此枯木竹石笔筒取法元代画家倪云林，用刀生动活泼，勾勒处正侧顺逆，劲健盘曲有如苍虬腾跃，皴染处薄破淡削，轻点斜拂如春燕啄泥。背署草书"芷岩"款。

周颢，字晋瞻，号芷岩、雪樵、尧峰山人等，生于康熙二十五年（1686年），卒于乾隆二十八年（1763年），上海嘉定人。嘉定竹派以朱氏首创，一变至吴之璠，再变至周芷岩。周氏以刀代笔，缘画铸影，称为铁笔。

竹雕东坡夜游赤壁笔筒

Bamboo Carving Writing-brush Pot with "Su Dongpo Visiting Red Cliff in the Night" Scene

清 Qing

径14厘米 通高17.4厘米

笔筒以宋代苏轼的《赤壁赋》为题材，镌刻苏东坡等人乘舟夜游赤壁的情景。作品构图新奇，在岩壑群中辟出一角，江水由此奔腾而出。一舟驻锚压浪而泊，舟中人物昂首瞻月，而举止各异。崖壁松、柏、桐、椿盘矗如舞，偃昂如盖，云烟飘渺浮动，圆月若映若掩。此器紫檀木镶配口底，下承四矮足。

邓渭竹刻行楷论书笔筒

Bamboo Carving Writing-brush Pot with Inscription about Calligraphy in Xingkai (Semi-running) Style, by Deng Wei

清 Qing

径7.6厘米 高11.6厘米

此器以天然竹节为之，不镶口底，造型朴素而雅致。器表刻"东坡诗云：天下几人学杜甫，谁得其皮与其骨。学兰亭者亦然。黄太史亦云：世人但学兰亭面，欲换凡骨无金丹。此意非学书者不知也。乙未夏日上浣，云樵制"。乙未为乾隆四十年（1775年），云樵为嘉定竹雕名家邓孚嘉之子邓渭之号。邓渭宗法刻竹大家吴之璠，别创刻书一格，声誉鹊起，为时所重。他刻的书法刀口坚挺，转折甜厚，与乾隆皇帝的书法气韵相投，为一代风气的写照。

竹雕仕女礼佛香筒
Bamboo Carving Incense Holder with "Beauties Worshipping Buddha" Scene

清·康熙 Kangxi Era, Qing

径3.6厘米 高20.9厘米

直筒式，上下各镶牛角，并有红木顶托。筒身满雕人物、松树、假山、流水，层次分明，排列适度。在山石之上，圆雕一尊坐佛，圆脸大耳，袈裟斜披半边，一手握佛珠，一手置于胸前，赤足。在佛像前的石台上置方形香炉，三位女子在上香朝拜。此筒雕镂细腻，刀法圆熟，古朴而庄重。

竹雕西厢人物香筒

Bamboo Carving Incense Holder with Scene in Opera Xixiang Ji (the West Chamber)

清 Qing

径5.1厘米 高21厘米

香筒直筒形，深腹。上下两端镶红木，上端敞口，下端束腰作底盖，底钻有五孔，成梅花形排列。筒身运用浮雕、镂雕、平刻、阴刻等多种技艺，满饰松柏、假石、人物等。画面以传统剧目《西厢记·拷红》为题材：庭院深处松柏树下，一位老妇端坐石栏平台中间，神情严肃，作训斥状。其身后站一侍者，手持长棍。台阶下一青年女子跪于地上，正向老妇诉说。画面真切，把传统剧目的情节描绘得淋漓尽致。

竹雕四妃十六子香筒
Bamboo Carving Incense Holder with Figures of "the Four Concubines and Sixteen Children of the Yellow Emperor"

清 Qing
径6.4厘米 高21厘米

香筒呈直筒式，上下盖已失。筒身满雕梧桐、松树、芭蕉、湖石、人物等。其中四位妃子高髻，身穿斜襟宽袖裱子，肩披长帛，围坐在桌旁，桌上摆有香炉、供品等物，一妃手执如意，一妃手捧笙笛，一妃手握毛笔，还有一妃怀抱婴孩。十六玩童有的习骑马，有的叠罗汉，有的放爆竹，有的捉迷藏，还有的论诗作文学习。画面构图严谨，人物刻画传神，栩栩如生。

竹雕西厢人物香筒
Bamboo Carving Incense Holder with Scene in Opera Xixiang Ji (the West Chamber)

清 Qing

径5.8厘米 高20.4厘米

直筒式，上下各镶牛角，内壁中心钻有小孔，使用时插入点烧的线香，盖上盖，香气从镂孔处散出。外壁以《西厢记》中"崔莺莺听琴"的故事为题材，画面刻画梧桐树下"张生焦桐操琴"、"琴童傍立听佳音"，松荫下"崔莺莺听琴韵"、"红娘指声话张生"的生动画面。此器使用多种刀法，布局严谨，中心人物突出，繁而不乱，是罕见的竹刻精品。

竹雕镂空松鼠葡萄香筒

Bamboo Carving Incense Holder with "Squirrels Playing in Grapevines" Design in Openwork

清　Qing

径3.1厘米　高19厘米

香筒以香妃竹为雕刻材料，上下带红木盖，镶象
牙圈。整件作品运用平刻、镂雕、皮雕、留青
等技法。在藤蔓上挂满了串串葡萄，藤蔓枝叶
相连，四只松鼠穿梭于葡萄与叶蔓之间，生动可
爱，平添几分生机。画面生动流畅，布局清晰、
合理。

竹刻人物搁臂
Bamboo Carving Armrest with Human Figure

明 Ming

长22.6厘米 宽7.6厘米

此器以留青浅浮雕的手法制成，松树斜向耸立，枝叶茂盛，松下站立一老人，天上悬挂一轮明月，树根处有两株灵芝，傍立两山石，组成"月下老人"图案。浅刻葫芦形阳文篆体"朱三松"三字印款。

竹雕松树杯
Bamboo Carving Pine Cup

清 Qing
口径6.3～5.4厘米 底径5.6厘米 高7厘米

竹根雕刻而成，主体雕作松树形，松枝形似虬
龙，曲折盘绕，枝干瘿节处处，鳞皴密密，松针
交错重叠，十分生动。作品采用深、浅浮雕技
法，纹饰疏密得当，于粗犷中蕴涵质朴。

竹雕松鹤杯
Bamboo Carving Pine and Crane Cup

清 Qing

高8.5厘米

用天然老竹根雕成犀角形杯，松枝盘曲，瘿瘤
处处，松针如伞，层叠错落。松间一对仙鹤，
曲颈回首收拾羽翅，使静谧的松林陡然增添了
无限生趣。古人常借松鹤题材祝寿，所谓"松
鹤延年"。

竹雕玉兰杯
Bamboo Carving Magnolia Flower Cup

清 Qing

高7.7厘米

竹根雕成一朵怒放的玉兰花，口沿花瓣翻卷，九
朵处于不同生长期的花蕾错落有致地分布在杯的
周围，杯的底座雕成纠结盘绕的树干，花蕾好似
都从干上长出。此杯雕刻精湛，线条自然流畅，
拙中见巧，是竹雕中的精品。

竹雕人物杯
Bamboo Carving Cup with the "Seven Sages of the Bamboo Grove" in Landscape Background

清 Qing

口径6.6厘米 高5.6厘米

取材一节竹根，雕刻成桃花形。口微敞，斜腹，从上逐渐向下内收，圈足。杯柄为一桃枝，弯曲向上伸展，枝上长有两朵含苞欲放的花蕾。杯外壁雕竹林七贤图。画面上群山怀抱，怪石嶙峋，树木茂盛，主题为一大片幽深的竹林，竹前奇石错叠，恰似天然台椅，七位贤士结伴为竹林之游，或坐或立，神态安详。杯柄有隶书款识"石樵法古"。

竹雕荷蛙件
Bamboo Carving Ornament of Lotus and Frog

明 Ming

长9.5厘米 宽9.5厘米 高3.5厘米

竹根雕成。荷叶上栖息着的一大一小两只青蛙，
大蛙双眼圆鼓，前肢弯曲，后肢屈蹬，一副随时
准备出击的样子；小蛙伏于叶边，似刚从水中跃
出。两蛙造型生动、形态逼真，极富动感。

竹雕石榴摆件
Bamboo Carving Ornament of Ripe Pomegranates

清 Qing

宽12.2厘米 高5.5厘米

竹根雕成。在一截老枝上附两只石榴。枝叶错落
有致，石榴朱皮开裂，露出榴粒，寓为"榴开百
子"、"多子多福"。整件器物雕刻精细，造型
生动，利用竹根天然的节疤雕成石榴枝干以及老
枝上树皮的纹样，颇具匠心。

竹雕太少狮
Bamboo Carving "Lion and Cub"

清 Qing

长25.6厘米 宽11.3厘米 高10.9厘米

取竹根肉厚部分，采用平刻、浮雕、透雕等多种
技法雕成。母狮卧地仰首，有两只幼狮在其身上
嬉耍绣球，组成"太狮少狮"图意。

竹雕山子
Bamboo Carving Landscape

清 Qing

宽8.8厘米　高6.3厘米

山子以竹根雕成。山间小道旁有茅屋一间，内坐
一位老者，正专心读书写字。茅屋两边松柏四
棵，高大挺拔。屋后山体连绵，山顶一块巨石横
卧，给人以奇险的感觉。作品朴实自然，刀法简
练，充满浓郁的山野情调。

竹雕和合件
Bamboo Carving Figures of "Two Immortals of Harmony and Unity (Hanshan and Shide, two Buddhist Monks in the Tang Dynasty)"

清 Qing

宽10.4厘米 高9.9厘米

取竹根肉厚部分，采用圆雕技法雕成。寒山大仙手持荷花，拾得大仙手持食盒，同坐于石上。寒山用荷花给拾得掸尘，拾得捧上食盒，二人共享募化来的食物，神态轻松怡然。

寒山，相传系唐代天台山高士，好作诗，与国清寺拾得为友，同属癫狂之士。民间奉两人为"和合二仙"。清雍正十一年（1733年），诏封寒山为和圣，拾得为合圣，成为"和合二圣"，俗称"欢天喜地"。

竹雕鼓式人物盒

Bamboo Carving Drum-shaped Case with Child Figure

清 Qing

口径5.2 高7.4厘米

外形呈圆鼓形，平底。盖上雕一蹲姿孩童，双手捧瓶。盒盖巧妙地以鼓皮边处为子母口。盒身浮刻鼓环四个，盖与底以竹节隔膜稍加磨制而成鼓皮状，雕饰鼓钉。此盒集透雕、浅浮雕、圆雕等技法于一身，构思奇特，雕工精细。

鲍天成雕银杏木竹节小虫香筒

Ginkgo Wood Incense Holder with Bamboo Joints and Insects Designs, by Bao Tiancheng

明 Ming

口径3.3厘米 底径4.1厘米 高12.9厘米

香筒以银杏木雕成,呈竹筒形,平底。两端各阳刻竹节,在下端节处附生一枝嫩竹,枝叶顺势向上攀生。筒身浮雕三只小虫爬行于竹叶之间。香筒底端处刻阳文"鲍天成"篆书印章款。

鲍天成,明代雕刻名家,吴县人,能雕琢犀象、香科、紫檀团匣、香盒、扇坠之类,所刻犀杯在江南极负盛名,可与当时琢玉名家陆子刚齐名。

沉香木雕菊石杯
Eaglewood Chrysanthemum and Rockery Cup

明 Ming

口径7.5厘米 底径4厘米 高9厘米

此杯上宽下窄，杯口呈不规则圆形，杯壁光素，颈以下高浮雕菊石图案。菊花为三丛，菊畔各置一拳石。菊花主次分明，拳石富有立体感。

沉香木雕渔钓笔筒

Eaglewood Writing-brush Pot with "Angling and Netting" Scene

清 Qing

口径12.1厘米 底径9.2厘米 高11.5厘米

笔筒作天然竹根形，周壁雕嶙峋石壁，下部高浮雕拳石、松菊、灌木、杂卉、浅滩、蓼草、蒹葭等。点缀两人物，一蓑衣者独坐船头，左手持竿，右手挂饵，船隐于石后；一高髻赤膊者，裤腿高卷赤足立于浅水中，弯腰网鱼。

沉香木雕松石人物笔筒

Eaglewood Writing-brush Pot with Pine, Rockery and Human Figure Designs

清 Qing

口径9.8×10.3厘米 底径5.5×6.1厘米 高12.2厘米

棕黑色，上宽下窄，口呈不规则圆形，周壁高浮雕松石人物图案。图案可分四组：垂针松下两老者对弈，皆宽额方颐，长须飘拂，陶醉其中；灌木下立长须老者，执渔板而歌；圆针松下，一少年凭几读书；针松蔽荫下，一长须长者正在抚琴。四组人物各得其所、动作、表情生动传神。

沉香木雕山水人物笔筒

Eaglewood Writing-brush Pot with Landscape and
Human Figure Designs

清 Qing

高13厘米

笔筒上宽下窄，口呈不规则圆形，唇及底座配以
红木，周壁深雕精镂山水人物。前景为坡岸，怪
石嶙峋，古木参天，长松盘虬，翠竹含雨，坡石
之间有桥相通，江岸之上一士子长衫曳杖，后随
一双髻肩囊侍童，岸边水际泊一小舟，舟上人笠
帽挂篙；后景为崇山峻岭，滩边有茅屋两间，掩
映于长松灌木之间；远景是高峰巨嶂，隐灭于烟
水茫茫中；其中不着刀笔处，江水浩淼，水天一
色。画面整体连贯，布景疏密相宜。

沉香木雕人物杯（一套）
Eaglewood Cups with Tale Scenes (a Set)

清 Qing

高5.7厘米

十件沉香木杯，皆上宽下窄，杯壁凹凸，高浮雕人物故事，虽刀笔简约，但颇传神。（何泽英捐赠）

紫檀雕九螭笔筒

Red Sandalwood Writing-brush Pot with "Nine Hornless Dragons" Design

清 Qing

口径18.1厘米 底径17.8厘米 高16.3厘米

笔筒以整段紫檀掏膛镂雕而成，外壁饰以游螭九尾，间缀祥云。游螭的虬角、颈髭、背鬣、蚩尾等造型各个不同，游动的姿势也各异，或上下承接，或左右相应，或前后相呼。整个画面生动活泼，既有装饰效果，又饱含生命的活力。笔筒顶端凸起一条带状口子，用银丝嵌"回"字纹，底端凸出鳝脊样弦纹，底以银丝嵌"玉堂雅制"印章款。（何泽英捐赠）

紫檀嵌银丝八角杯

Octagonal Red Sandalwood Cup with Silver Inlaid
Zigzag Patterns on Rim and Foot

清 Qing

口径8.3厘米 高5.5厘米

紫檀木雕刻，杯体八角形，口沿微敞，弧形深
腹，台阶式圈足，口沿和圈足各镶嵌一条带状银
丝回纹，梅枝盘曲成柄，雕有梅花和花蕾，各个
侧面均开光，内雕两条相对嬉戏的螭龙。

紫檀雕八宝方格梅花纹葫芦
Red Sandalwood Gourd with "Eight-Treasure" Design on Plum Flower Ground

清 Qing

上腹径6.3厘米 下腹径7.8厘米 高25.5厘米

瓶为葫芦形，分上下两层，蒂形盖，上层拔去颈若瓶，下层揭开肩盖即为罐。通体以规整的梅花纹为底纹，素腰上下缀以云纹。八宝图案分刻上下腹。鱼、罐、肠三宝在上，轮、螺、伞、盖、花五宝在下，各宝间又缀以如意状祥云。肩腹之间和底沿各饰一道回纹。

瓶底有银丝镶嵌双栏边框，金丝镶嵌隶书"行有恒堂"四字款。"行有恒堂"是清宗室载铨的堂名。载铨，道光十六年袭定郡王爵，官至工部尚书，卒于咸丰四年（1854年）九月。

紫檀嵌宝方笔筒
Square Red Sandalwood Writing-brush Pot with
Multi-jewel Inlaid Designs

清 Qing

宽11厘米 高15.1厘米

笔筒由五块檀板拼接而成。前面以象牙、螺钿、
珊瑚、孔雀石、寿山石、椰壳等材料，用镶嵌法
拼填汉张骞出使失败，乘树桩顺流归汉的故事。
后面以银丝嵌七言二句："昔年曾有乘槎客，至
今传沔斗牛虚。"笔筒上沿以银丝作回纹镶嵌。

紫檀嵌金丝鸟笼
Red Sandalwood Bird Cage Inlaid with Gold Wires

清　Qing

长19厘米　宽19厘米　高21.5厘米

以紫檀木制作，榫卯紧扣，天衣无缝，梳条穿
嵌，疏密有致。门饰及压底饰、食罐饰、吊环
等，皆紫檀戗金，纹饰吉祥华美。两条跳梗两端
雕卷草纹，中间雕斜瓜楞纹，底盘玳瑁制成，鸟
食罐为缠枝青花瓷罐和荷形白玉罐。笼门内落戗
金丝"三畏"款，钩为纯银打制。

檀香木雕九芝百蝠如意
Sandalwood Ruyi-scepter with Figures of One
Hundred Bats Flying and Setting among Nine
Auspicious Fungi

清 Qing

长57厘米

以檀香木圆雕枯干一枝，蔓藤绕身，耸生九朵灵
芝，构成如意之形，并有百只蝙蝠聚集在枯干及
灵芝之中，故称百蝠九芝如意。

黄杨木雕铁拐李

Boxwood Statue of Tieguai Li ("Li with Iron Crutch", one of the Eight Immortals)

清 Qing

高15.5厘米

铁拐李袒腹跛足，左脚踩拐，右脚踏云头，身背葫芦，双目俯视云头中的蝙蝠。形态生动，刻划细腻。葫芦上刻有篆铭"莆田黄柄勋雕"六字及"季铭"二字印章。

伽楠嵌银丝佛珠

Eaglewood Buddhist Rosary with Silver Inlaid Characters

近代 Modern

直径11.5厘米

此串佛珠是伽楠香中所谓的"虎斑金丝结"，每粒珠圆中见方，前后两面一面嵌以镀金银丝编结的圆钉，连缀而成圆形"福"字；另一面以银丝串的白珍珠组成"寿"字，共十八枚。另有两枚略大，其"福"字改由白珍珠串成；一为葫芦形，下串一伽楠香木牌，牌两面浮雕蝙蝠，中心各嵌由珠、银组成的"福"字。牌下串两长方形伽楠香木牌，两面浮雕蝙蝠及如意头，亦饰以银丝及盘丝钉。（王季常捐赠）

伽楠手镯（一对）

Eaglewood Bracelets with Silver Inlaid Characters(a Pair)

近代 Modern

直径7.5厘米

镯为一对，内圈金属作围，外包伽楠香木制成。镯内圈为镀金银条，两侧缀小花一圈，周密精致。半圆径伽楠香木一条，烘烤压模使之弯曲成圆弧，包嵌镀金银丝盘花攒钉组成的"寿"字及"福"字各四个，间隔匀称。伽楠木呈褐色，至今嗅之犹有余香。（王季常捐赠）

陈锦堂刻葫芦蝈蝈笼
Gourd Grasshopper Cage with Turtle Shell Lid, by Chen Jintang

清 Qing
高14.5厘米

蝈蝈笼取天然葫芦为材质，裁截开口、去子净膛、嵌口安盖而成。葫芦收腰，敞口，下腹浑圆膨鼓，底有花脐。周壁押花凹地饰湖石、菖蒲、荷叶、莲花、水草、金鱼等。口沿有款识："西湖佳色"（隶书），"壬申夏六月中浣锦堂作，时年七十有九"（行草），并有阳文"陈"字印记。口沿配以象牙厚唇，玳瑁云龙纹直帽盖。盖顶为一团龙，帽壁四龙，穿行于云气之中。尤令人称奇的是，五龙皆可于云气中活络移动，其雕镂之工，出神入化。

椰壳雕棋子罐（一对）

Coconut Carving Go Stone Bowls (a Pair)

清 Qing

高9.5厘米 腹径14.7厘米

棋子罐呈扁鼓形，唇口，内凸底，口、底各饰鼓
钉，肩两侧雕狮头铺首。腹部前后开光浅浮雕双
螭纹，正中双圈内分别雕篆体和梵文的"寿"
字，上下雕饰缠枝蝙蝠纹，左右为卷草纹。

牙
角
器

象牙镶银透雕花鸟纹带饰

Silver-margined Ivory Belt Plaques with Flower and
Bird Designs in Openwork

明 Ming

长10.7厘米 宽5.7厘米

共十一件，由带铐和铊尾组成，形状分为长方形
和桃形，背面均有四组象鼻穿。纹饰分上下两
层，透雕而成，地纹为缠枝花卉，表面为牡丹、
云雁纹。四周包镶银皮，上有楷书"王大成"印
章款。

象牙雕观音件
Ivory Standing Guanyin (Avalokitesvara) Statue

明 Ming

高9.8厘米

运用浅浮雕、高浮雕及镂雕等技法镌成，呈牙材
本色。观音立像仪态大方，面庞丰腴，五官端
正，头稍向前倾。头发挽成高髻，顶披软巾，腰
系莲花叶边抹肚，胸垂佛珠，上披天衣，左腕戴
数珠，右手持净瓶。

象牙雕侍女件
Ivory Standing Maid Statue

明 Ming

高13.2厘米

以圆雕手法镌成。侍女头发直垂至肩，顶部挽成
团髻。额头、两颊丰满圆润，两目微开。身穿斜
襟广袖袍服，腰带束于前侧，双手捧柿蒂形织物
于胸前。

象牙雕立相老人件
Ivory Standing Old Man Statue

明 Ming

高13.3厘米

圆雕。老人挺身直立，二目微笑平视，头戴东坡巾，双耳外露，三须垂胸，鼻圆而阔，抿嘴，下巴较圆，一手胸前抚须，自然手下垂。身穿斜领广袖袍服，前系长腰带，脚穿云头履。形象简洁大方。

象牙雕竹林七贤笔筒
Ivory Writing-brush Pot with Embossed "Seven Sages
of the Bamboo Grove" in Landscape Background

清 Qing
口径8.6厘米 底径9厘米 高11.5厘米

笔筒以象牙为材料，模仿江南嘉定派竹雕深浅浮雕法，刻画了深山庭院中七贤在青松草地竹林之间游玩的场面。竹林七贤指魏晋时期的嵇康、阮籍、山涛、向秀、刘伶、阮咸、王戎等七位"竹林名士"。他们或手捧酒杯，蹙额沉思；或赤足趺坐，两目凝视；或披襟抑膝，若有所思。表现了六朝士大夫放荡无羁，傲然超脱的性格和神态。

象牙雕"榴开百子"挂件

Ivory Sculpture Ornament With "Children Playing in Ripe Pomegranates"

清 Qing

长4.7厘米 宽2.8厘米 高2.2厘米

一株榴枝上结着大小两只石榴，几片嫩叶呈人字形顺势贴在两个石榴中间。一只石榴已经成熟，自然裂为三片，五个活泼可爱的男童正在石榴上戏耍。作者采用拟人手法，将一群男童比作石榴子，使作品更加生动活泼，贴近生活，是一件难得的佳作。（张逸侪捐赠）

象牙雕镂空设色牡丹八角长方盒
Ivory Oblong Octagonal Case with Colored Peony
and Pheasant Designs in Openwork

清 Qing

长7.5厘米 宽5.4厘米 通高2厘米

盒为长八角形，设色，牙质细润。分底、盖两部
分，叠套式。全器运用镂雕、浅浮雕等技艺雕琢
而成。以牡丹图案为主纹饰，四周开光内浅地浮
雕花卉。构图疏密有致，纹路清晰，刻工精细，
端庄大方，为难得一见的牙雕珍品。

象牙浅刻"真山卜隐图"方牌
Ivory Square Landscape Engraving "Divining in Zhenshan Mountain" with Poems

近代 Modern

长6.7厘米 宽7.5厘米

此牌以象牙为材料，运用微雕、平雕技法刻画庭院中马、驴、猴、鸡、鼠、兔、猪、蛇、狗、牛等牲畜满园，松树挺拔，园主案前观赏的场景。左上端题有隶书"真山卜隐图"五字，并附有行楷诗词"自嘲二首"："昔年曾作散车夫，街口门前拉短途，不管媪优与仆隶，专凭脚腿论锱铢，虽知来客已贫贱，终觉奔波似马驴，决意改行星相卜，卦摊静坐看江湖。""何老真山摆卦摊，王侯将相到门眉，流年好坏时时问，末日升沉处处攒，得失喜忧关气色，正邪喜恶见心肝，可怜徒抱哀悲愿，指点迷津悔悟难。"及"己卯（1939）冬仲颛轩于硕刻"等130字。反面行楷"真山园诗"：哀逃妾四首、逃妾怨三首、再逃妾怨四首、逃妾喜怒乐哀四首、逃妾恨四首，及"己卯仲冬颛轩于硕录刻时年六十有七"，计十九首1126字。（何泽英捐赠）

犀角杯

Rhinoceros Horn Cup

明　Ming

径15.1～18.5厘米　长86厘米

犀角细密沉厚，通体光洁如漆，色褐而泛红。下端中空略加雕饰成杯形，宽处可达18.5厘米，顶部成弧形上翘。如此之大的犀角杯是将军御马出征或班师奏凯时，皇帝赐酒在马上举杯而饮之用，故名"马上杯"。此杯相传是明代宰相王鏊旧物。（王季常捐赠）

犀角螭纹杯

Rhinoceros Horn Cup with Hornless Dragon Design

明　Ming

长15.3厘米　宽9.8厘米　高9.3厘米

此杯截取犀角下端中空部分，巧施雕镂而成。仿商周青铜爵的形制，腹部上下两道弦纹中满饰回字地兽面纹，口沿内外均饰回字纹，唇边近流处内卷，有双鋬连接杯底，杯口及鋬上部饰有两螭。

犀角兰花杯
Rhinoceros Horn Orchid-shaped Cup

明 Ming

长15.1厘米 宽12.7厘米 高7.4厘米

深棕色。根部挖成圆形，侈口，似一朵盛开的玉
兰，外底透雕枝叶，形成圈足，旁出花枝，攀附
杯身外壁。这件犀牛角杯是典型的花果形制，刀
法老练，是明代犀雕精品。

犀角荷叶杯
Rhinoceros Horn Lotus-leaf-shaped Cup

清 Qing

口径11.1～7.4厘米 高3.8厘米

利用犀角原形，剔去少许，雕成一只敞口收足的荷叶形酒杯，荷叶边沿或外卷或内折，口沿一侧雕一柳叶形虫蛭。杯内壁阴刻荷叶筋络，外壁起线刻荷叶筋络，与内壁的叶筋一一呼应。外壁一侧阳刻草书三行："恩从黄甲醉，听荷索罗深"，外壁另一侧雕有六足双钳水虫一只。

玳瑁镶金里杯（一对）
Turtle Shell Cup with Gold Liners (a Pair)

清 Qing

口径5厘米 底径1.9厘米 高3.4厘米

杯为玳瑁制成，深腹，口微敞，圈足，褐色和淡黄色相间，杯内及足内镶金里，金里口沿与足沿反转嵌入玳瑁杯的口、足沿中。玳瑁也作"瑇瑁"，似龟，四肢具鳍足状，甲片可作装饰品，也可入药。此杯端庄而精巧，高贵而典雅，为酒具中的精品。

漆 器

雕漆镶银里如意纹碗（一对）

Carved Lacquer Bowls with Ruyi Cloud Pattern and
Silver Liners (a Pair)

元 Yuan

口径14厘米 底径7厘米 高6.5厘米

碗为一对，夹纻木胎，两面堆漆，外厚内薄。直
口，弧腹，卧足内凹。外壁漆层为褐色与朱色交
替重叠，共十一层，雕刻上下相交的如意云头
纹，刀口断面圆润光滑，碗内壁施几层薄薄的黑
漆。漆碗内镶银里，银里的口沿反转后嵌入漆
碗口沿，银里边沿与漆碗口黏合紧密。这对雕漆
碗，漆质蕴亮，黑里带红，图案简洁，线条多
变，是元代漆雕的典范。

剔红牡丹纹圆盒

Round Carved Red Lacquer Case with Peony Design

明 Ming

口径5.8厘米 底径3.4厘米 高2.9厘米

盒盖中心剔刻盛开的牡丹花，舒展卷曲的枝叶满
布全盖，底腹亦刻两组牡丹，花瓣、花叶生动自
然。叶片上的筋脉、花瓣上的纹理纤细入微又清
晰可辨。盒外呈枣红色，盒内、底足光素呈黑
色。花纹刀口深达一厘米，在枣红色的断面上露
出朱漆达二十五层之多。此器堆漆甚厚，丰腴莹
润，古拙可爱。

螺钿嵌金人物山水漆盘（一组）
Mother-of-pearl and Gold Inlaid Lacquer Plates with Human Figure and Landscape Designs (a Set)

明 Ming

口径13厘米 底径9.3厘米 高1.1厘米

一组四件，圆形，夹贮胎，黑漆地。口沿与正面图案外圈采用点螺工艺构成两条带状几何形图案，并镶嵌金点。主题图案：一盘为深秋的早晨，天空中月亮隐约，桥上霜意正浓，桥畔茅店掩映，一枝杨柳横空出世，点缀出深秋寒意，一老翁从危桥上向茅店走来，手持雨伞指点路径。底款"鸡鸣茅店板桥霜"。一盘为岸边一株梧桐高耸，溪水湍流，新篁倚石丛生，一高士肩扛花锄与僧人对坐于湖石，小僮手捧茶具，从桥上匆匆走来。底款"因过竹院逢僧话"。一盘为老松蟠曲，杂树横生，一高士倚松侍立，身后童子肩扛杖藜，隔岸岩石嶙峋，小竹幽篁，溪水潺潺，空中一轮圆月映得波光粼粼。底款"水流无限月明中"。一盘为平湖小径，乔木高攀，两高士前后结伴看高山流水，对面山峦层叠，瀑波直泻。底款"杖藜携手看溪流"。整套漆盘人物、树木、山石等造型生动，色泽艳丽。

螺钿嵌玉金扣腰圆盒
Mother-of-pearl and Jade Inlaid Oval Lacquer Case
with Gold Rims

清 Qing

长9.2厘米 宽8.6厘米 高4厘米

盒盖中间镶嵌镂空白玉螭龙、灵芝，盒外壁及底
部饰点螺组成的金钱、几何、团花图案；盒盖
内、底内分别以夜光螺镶嵌折枝桃、秋葵。盖底
上下口镶金扣以加强牢度和装饰。螺钿是一种用
贝壳薄片制成人物、鸟兽、花草等形象嵌在雕镂
或髹漆器物上的装饰技法。螺钿嵌玉金扣盒为妇
女珍藏首饰所用，是难得的工艺珍品。（张逸侨
捐赠）

螺钿嵌玉金扣圆盒

Mother-of-pearl and Jade Inlaid Round Lacquer Case with Gold Rims

清 Qing

长9.9厘米 宽7.4厘米 高4.4厘米

规则圆形，白玉螭龙盘曲镶嵌于盒盖，螭龙身还爬着两条小螭龙。盘旋的螭龙中间为一圆形寿字，圆盒盖、底、外壁都采用了"点螺"镶嵌工艺，用正方形、长方形、山字形等"点螺"构成几何纹图案；底饰正方形、菱形"点螺"组成的团花图案，盖底内分别镶嵌折枝佛手和折枝菊花夜光螺；盖底上下镶金扣装饰，以增强牢度。（张逸侪捐赠）

雕漆盖碗（一对）
Carved Lacquer Tureens (a Pair)

清 Qing

口径13.1厘米 底径5.5厘米 通高10厘米 碗高6厘米

碗口微敞，弧形深腹，盖面隆起，握手处外撇，漆色为枣皮红色，握手和底髹红漆，碗、盖里镶铜质鎏金胆。握手刻回纹，盖肩剔刻变体覆莲纹一周，盖与碗身以回纹作为锦地，各刻乾隆御题长诗一首："梅天色不妖，佛手香且洁，松实味芳腴，三品殊清绝，烹以折脚铛，沃之承筐雪，火候辨鱼蟹，鼎烟迭生灭，越瓯泼仙乳，毡庐适禅悦，五蕴净大半，可悟不可说，馥馥兜罗递，活活云浆澈，偓佺遗可餐，林逋赏时别，懒举赵州案，颇笑玉川谲，寒宵听行漏，古月看悬玦，软饱趁几余，敲吟兴无竭。乾隆丙寅小春御题"，有"乾隆"圆、方印章各一枚。盖与碗刻相交如意云头纹一圈，圈足刻有回纹与盖握手上下对应。（俞平伯捐赠）

雕漆鎏金碗（一对）
Carved Lacquer Bowls with Gilt Liners (a Pair)

清 Qing

直径10.5厘米 底径5.7厘米 高5.3厘米

碗口微敞，弧腹。漆色呈枣皮红色，内壁涂黑
漆，碗与圈足镶铜质鎏金胆。口沿剔刻回纹一
圈，腹部以龟背纹作锦地，剔刻石榴、荔枝、桃
子三种果实，间以枝叶相衬，圈足剔刻回纹与口
沿回纹相对应。

剔红云蝠缠枝番莲果盒（一对）

Carved Red Lacquer Fruit Boxes with Cloud, Bats
and Intertwined Passion-flower Designs (a Pair)

清 Qing

直径14.8厘米 底径9.8厘米 通高6.2厘米

漆色为枣红色，一件为葵瓣形，一件为菱花形，
直腹宽平沿，平底，圆弧形盖与盒身内沿相扣。
顶部有钮，已失。以回纹作盖的锦地，钮四周饰
团花，下面有四蝙蝠与四云头相间，外圈为云头
如意纹与缠枝番莲相交，口沿背面针刻菊花，腹
部雕刻龟背纹锦地。底髹黑漆，内壁涂金彩。

剔红佛手瓜果盒（一对）

Carved Red Lacquer Fruit Boxes with Fingered
Citron and Plum Flower Designs (a Pair)

清 Qing

长12厘米 高4.8厘米

瓜果盒为不规则形，直腹，子母口，平盖平底。
器身呈枣红色，龟背纹锦地，内壁及底髹黑漆。
其一盖面为棕色，刻佛手两只，一株梅枝由两侧
向中间伸展，花蕾有的盛开，有的含苞。其二盖
面呈墨绿色，刻不同形状的瓜果两只，藤叶翻转
覆盖，藤须萦绕，空隙处刻回纹锦地。（宋衡之
捐赠）

雕漆方果盒
Square Carved Lacquer Fruit Box

清 Qing

口径29.2厘米 高10.2厘米

盒为方形委角，子母口。漆色呈枣皮红，盒正面
开光，线框内剔刻麻姑献寿图。边线以一道回纹
与莲瓣纹装饰，盖肩、底腹四面剔刻轮、螺、
伞、肠、花、罐、鱼、盖八宝图案，圈足刻回纹
与盖面相呼应。内侧与底部髹黑漆。此雕漆果盒
采用吉祥如意图案，浮雕立体感强，刀锋圆润，
器形规整端庄，朴实典雅，是一件不可多得的
佳作。

剔红群仙祝寿笔筒

Carved Red Lacquer Writing-brush Pot with "Immortals Congratulating Birthday of Xiwangmu (Queen Mother of the West)" Design

清 Qing

口径4.8厘米 底径4.4厘米 高9.3厘米

此笔筒以堆漆为表，铅质为胎，四周满雕群仙祝寿的场景。下部作纯阳等八仙鱼贯而列，朝天揖贺，前后鹿鹤相随。上部作西王母御凤翔云，携众仙女飘然欲降，下临受贺，左右幡旗招展。整件作品人物刻画生动细腻，置景紧凑，层次丰富，繁而不乱，刀工爽健，技巧精湛。

剔红花鸟搁臂（一对）

Carved Red Lacquer Armrests with Flower and Bird Designs (a Pair)

清 Qing

长23.7厘米 宽6.1厘米

此搁臂以竹为胎，在凸面上以朱漆反复涂饰，直至漆层积累到雕漆所需要的厚度为止，然后在漆层上雕刻。其一件雕鸳鸯在花丛枝下追逐戏耍，另一件雕水中双雁与花枝上的鸿雁对鸣。均以四角星小方格为锦地，上下两端辅助纹饰为扁形回纹地上雕缠枝、荷花托捧莲蓬图案。

丝织品

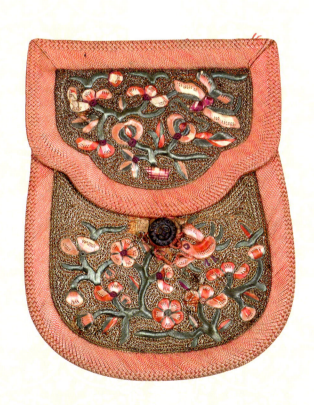

缂丝凤穿牡丹图
Tapestry Silk "Phoenix Flying among Peonies"

宋　Song
长66.8厘米　宽36.7厘米

此缂丝作品采用图案式体裁，富有装饰意趣。金
黄色为地，十余种色线织成，古朴秀雅。缂丝是
我国将绘画移植于丝织品的特种工艺，各色纬线
依画稿来回穿梭，通经断纬，组成正反两面相同
的图案。（钱镛捐赠）

缂丝鹤桃图
Tapestry Silk "Cranes and Peaches"

明 Ming

长43厘米 宽32厘米

在棕黄色地上，用五色丝线缂织两只大桃，桃子的
中央一对仙鹤展翅飞翔，桃的边缘织以云纹，枝干
上绣两朵盛开的桃花，并衬托绿叶。缂法以齐缂、
平缂为主，翔鹤的背部用缂鳞缂织，双桃的轮廓用
金黄色线构缂。

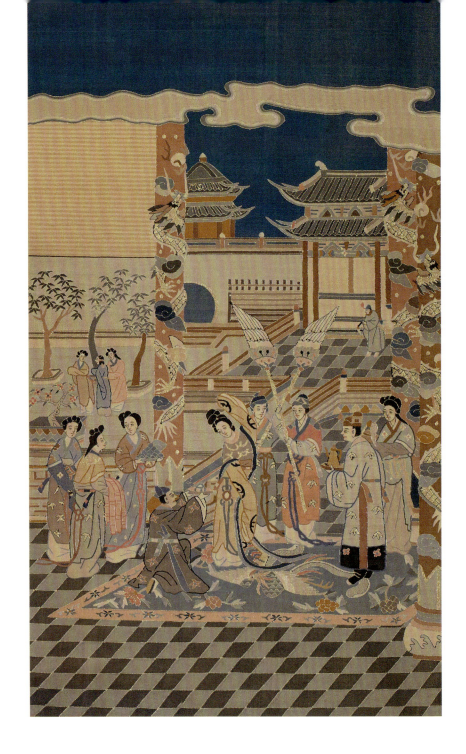

缂丝贵妃醉酒图
Tapestry Silk "Drunken Beauty"

清 Qing

长69.7厘米 宽40.4厘米

贵妃醉酒图描绘了华清宫长生殿舞池中杨贵妃翩
翩起舞，太监、侍女们奉觞献酒的场景。整幅作
品采用大红、绛红、橘红、紫红、咖啡等暖色
调，大量使用圆金线勾勒花纹图案边框，更使画
面溢华流彩，熠熠生辉。

缂丝群仙祝寿图轴
Tapestry Silk Scroll of "Immortals Congratulating Birthday of Xiwangmu (the Queen Mother of the West)"

清 Qing

长125.7厘米 宽61.8厘米

此图表现的是八仙及寿星共祝西王母寿辰的场面。综合运用了缂、绣、绘技法，表现风格类似绢本敷彩工笔画。以云、海水、岩石、人物等大块缂织为主，然后加彩绣，再在人物的衣服花纹、植物的叶子果子、云彩等处添加颜色，形成缂、绣、绘结合的花纹图案。

討亂討賊志在
春秋
至大至剛塞乎
天地
露香園繡

顾绣关羽、周仓像
Embroidered Portraits of Guan Yu and Zhou Cang, Gu Style

明 Ming

长48厘米 宽22厘米

素罗地上绣关羽坐在铺着虎皮的山石上，一手抚长髯，一手握拳置于大腿之上，目视前方。周仓手持大刀，一手叉腰，双眼怒视，立于其后。画面上方楷书："讨乱讨贼志有春秋，至大至刚塞乎天地"，"露香园绣"和篆体阳文方印"绣史"。整个画面以滚针、齐针、接针和钉线绣的针法，结合书画完成，人物气韵生动。

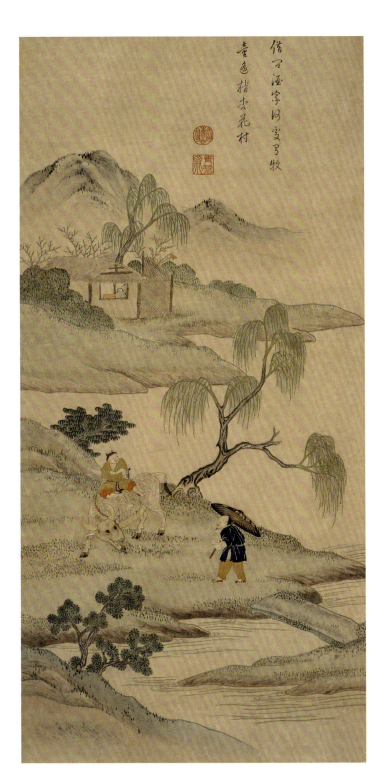

顾绣杏花村图

Embroidery "Asking for Xinghua Cun (Apricot Village, hinting Wineshop)" Scene, Gu Style

明 Ming

长85.2厘米 宽41.8厘米

此图以唐杜牧《清明》诗意为题材。在一片小溪流水、绿草茵茵、苍松垂柳的小山坡上有一身着深蓝色短袄、腰束黄带、穿绛黄色裤的老翁向骑在牛背上的牧童询问，牧童双手指向远方。在重峦叠嶂、树盛叶茂的山坳里坐落着一间茅舍。此图用十多种彩线，根据人物、景象的特点绣制、运用散套针、双色撒和针、接针、抢针、辫子股针等针法，石梁、岗丘、水流以画为主，运用滚针勾勒。斜缠针绣款"借问酒家何处有，牧童遥指杏花村"，接针绣"露香园"、"青碧斋"朱文印。

顾绣凤凰双栖图

Embroidery "Couple Phoenixes Resting under Parasol Tree", Gu Style

明 Ming

长87.5厘米 宽37.7厘米

凤凰双栖图是明代顾绣珍品。绣一对凤凰在梧桐树下歇息，凰呈独立状，张口鸣唱。凤口紧闭，眼微开，双爪收于腹下，与凰相对。表现了凤凰相依相恋的情景。此图用素绫作地，凤凰采用擞和针、抢针、滚针、打子针等传统针法绣成，还用马鬃施于羽毛上，精巧天成；用齐针、套针绣碧梧和竹子；湖石、坡地、小草等用淡彩渲染敷色，画绣结合；斜缠针绣题"旭日朝霞光彩异，碧梧翠竹凤凰栖"；接针绣圆形"露香园"、方形"虎头"朱文印章。

顾绣群仙祝寿图
Embroidery "Congratulating Birthday", Gu Style

清 Qing

长115厘米 宽42厘米

图绣一长者端坐亭台中央，额高眉长，表情怡然。另有三人，一捧仙桃，一持美酒，一举灵芝，神态恭谨。背景有山水松石，翔鹤走鹿，杂花丛树。人物的衣服选用齐针、套针、接针、戳纱等针法，用辫子股针勾勒榻沿、云纹、山石。上有"南极逢星诞，群仙称祝来，顾君置不老，岁岁寿筵开"的诗句，接针绣三方朱文印，分别为"静观"、"露香园"、"青碧斋"。

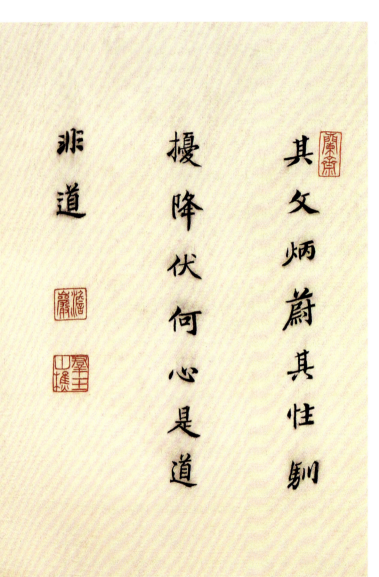

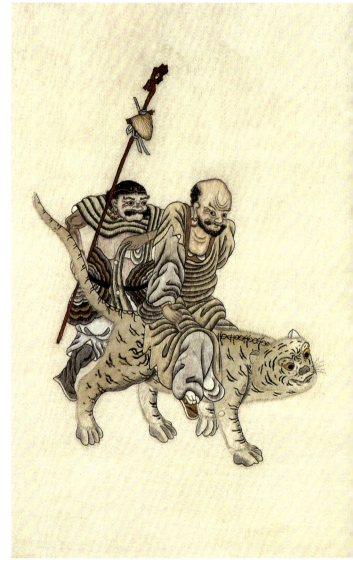

刺绣罗汉像册

Embroidered Arhat Album

清 Qing

长26.6厘米 宽21.7厘米

刺绣罗汉像册为册页残本，现存十一页。素绫地上每页绣罗汉一至二个不等，对页绣有行草题赞，无款识。罗汉的造型各异，形象生动。册页画稿为明代顾绣遗稿，清早期制作。

沈寿刺绣生肖屏

Embroidered Screen with the Twelve Chinese Zodiac Animals, by Shen Shou (Four Remaining)

清 Qing

长50厘米 宽22厘米

此屏绣于光绪二十五年，原为十二幅，现存虎、兔、龙、猪四幅，以白缎为地，运用擞和针、齐针、斜缠针、平套针、滚针、刻鳞针等针法绣制而成。

"虎"绣虎一只，神态凶猛，具猛虎下山之势，山坡上野草茂密。上方绣题，下有朱文"沈氏"腰圆形印一方。

"兔"绣一黑一白两兔奔驰于草丛中。上方题词，右下方有"天香阁"朱文方印一方。

"龙"绣一巨龙在云雾中腾飞，有直上云霄之势。下方题词，并有白文"龙韬"方形章一枚。

"猪"绣三头黑色肥猪，在农家小院竹篱旁嬉戏，竹篱上小草藤蔓卷曲，小花盛开。上方绣题词，左边题"己亥秋日制此十二帧于天香阁沈氏手记"，下绣葫芦形朱文印一方，右下绣朱文"吴中天香女士书画真迹"方形印一方。

沈寿刺绣十二生肖"虎、兔、龙、猪"，构图简练，主题突出，每一幅生肖动物配以题词，并略配小景，别具一格。作品排针齐整，线条紧密，用色得体，富有美感，是沈寿早期的代表作品。

（顾公硕捐赠）

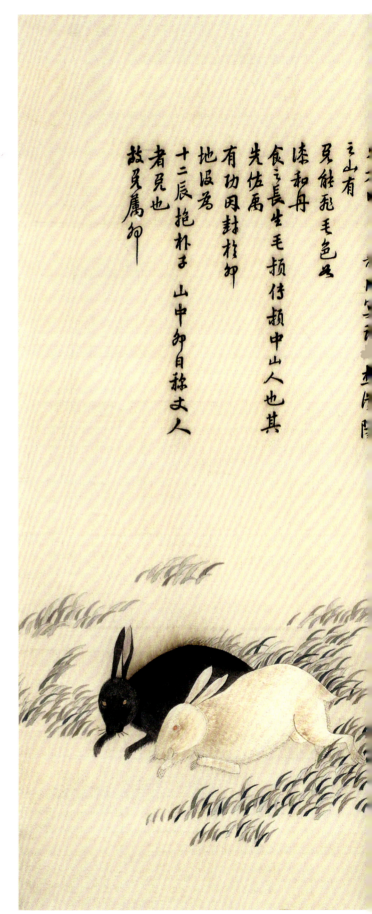

之山有
兄能兔毛色也
漆和舟
食之長生毛損侍頗中山人也其
先伍爲
有功因封桂卯
地没爲
十二辰抱朴子 山中卯自稱丈人
者兄也
故兄屬卯

漢劉昆名宏巖太守三年仁
風大介零皆负子渡偈帝闻
而異之詔向昆對曰偶尒耳左
右皆笑其質訥帝欻曰生乃長
者之言也命書諸簡

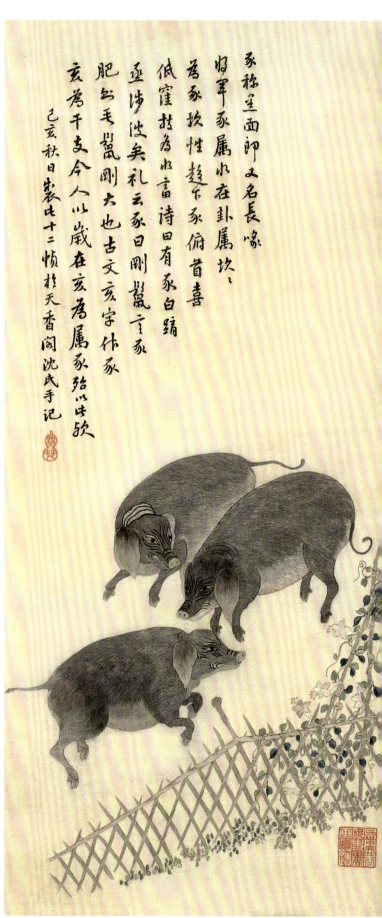

沈寿绣十言楷书联

Embroidered Ten-character Couplet in Kaishu (regular) style, by Shen Shou

清 Qing

长129.2厘米 宽16厘米

作品在素绫地上绣："把酒临风无言自倚修竹，小帘通月此地宜有词仙。"在上联右上方绣椭圆朱文印双龙"御赐"、"夫妇福寿"、"双佩宝斋"；右下方为"三百年第一人"、"姓名长在御屏风"两方朱文印。下联左下方绣"吴中天香阁女士沈寿"白文印和"愿作鸳鸯不羡仙"朱文印两方。这幅十言行书联采用黑色丝线，运用撒和针精绣而成，绣品自然洒脱，绣出了笔墨的韵味，是沈寿的中期作品。

沈寿仿真绣济公像轴

Embroidered Scroll of Priest Daoji's Portrait, by Shen Shou

清 Qing

长88厘米 宽34厘米

在淡蓝色缎地上绣济公背手持一芭蕉扇，作行走状。前方置酒二坛，济公双目紧盯酒坛，笑逐颜开。右上方题："光绪乙巳春日吴中天香阁女士沈寿制"，题字旁及下方分别有"御屏风"、"三百年第一人"和"姓名长在御屏风"方印。整幅绣品以掺和针为主，以斜缠针、鸡毛针、滚针、点针、散套针等为辅，以黑色、肉色、紫色、绿灰、赭灰等彩线绣成。

云芝女士（沈寿）绣花卉图

Embroidery Flowers, Plants and Insects, by a Lady Named "Yunzhi"

清 Qing

长79厘米 宽31.8厘米

在米黄色素绫地上绣出一枝秋葵，花蕾含苞待放，花朵婀娜多姿，边上伴随几朵菊花争相斗艳。图案上角的树干上爬着豆荚藤蔓，两只纺织娘在绽开的秋葵花和豆荚花前噬食，一只螳螂躲在叶蔓上，知了躲在树干上歇息，蜻蜓在空中飞舞，蚱蜢飞向花蕾，二只蟋蟀在地上追逐。左边绣有"月明露冷有多少秋声"、"云芝女士"，白文"云""芝"二印。绣制中运用了蓝、青、灰、黄、紫、红、黑等十多种彩线，用传统的齐针、散套针、接针、滚针、打子针、斜缠针等针法，绣出了秋天自然界成熟、繁华、生生不息的景象。

刺绣床围

Embroidered Bed Sheet

清　Qing

长52.5厘米　宽114厘米　上腰高19厘米

刺绣床围是雕花大床下缘的装饰物。在绛红色提花罗地中央绣"刘海戏金蟾"，四边为散花，有梅兰竹菊、牡丹、水仙、万年青、梧桐、杨柳、灵芝、桃子、蝴蝶、蝙蝠等，配以深蓝地机绣花鸟纹花边。作品采用赭红、紫、黄、绿、蓝、青、灰、黑、白、金等数十种线，运用盘金、抢针、齐针、网绣、打子、施针、包梗针、斜缠针等传统针法绣制而成。

刺绣扇袋

Embroidered Fan Bags

清 Qing

长30～32.5厘米 上宽5.5～6.5厘米 底宽4厘米

刺绣扇袋以缎子作地，四边用花边滚边，袋口盘金如意云纹。图纹以方胜纹八吉组合、卍字如意云纹、蝙蝠并蒂瓜组合等吉祥图案为主，寓意吉祥、安康、源远流长、鹿鹤同春、福寿万年，如意云纹象征高升如意，富贵平安等。刺绣扇袋的带子上穿有红绿料珠、玉璧坠子。采用戳纱、打子、盘金、齐针、抢针绣成。

刺绣荷包

Embroidered Bag (as Decorative Pendant)

清 Qing

长11厘米 宽6.5厘米

荷包呈鸡心形。在缎地上绣花卉、古钱、仙鹤、
蝙蝠、香炉、琴棋书画以及亭台、桥梁等图案，
带子上穿有料珠、瓷珠，或编结的盘扣，两边还
装饰有穗子、带子，或编结成蝴蝶样的纹饰。

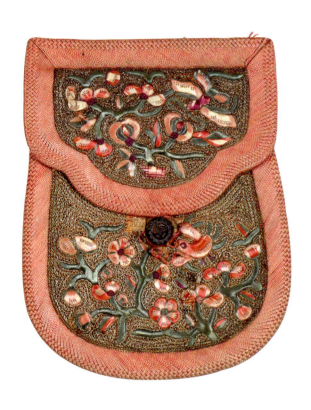

刺绣钱袋

Embroidered Purses

清 Qing

长10.8厘米 宽8.8厘米

长26.2厘米 宽8.5~9.5厘米

刺绣钱包是日常生活小用品之一。钱包形状分为
两种：一种是普通口袋型钱包，上面绣花袋盖，
下面绣花口袋，用钮扣扣住袋口，后面做口袋两
层，并有穿腰带口，钱袋上直针绣有喜鹊梅花，
表达喜上眉梢寓意；另一种是褡裢式钱袋，袋口
两头为如意头形或方形，中间一段由缎子做成，
可挂于腰带上。

刺绣表袋
Embroidered Watch Bags

清 Qing

长24.5~26.5厘米 宽8.5~8.8厘米

刺绣表袋是日常生活小用品之一。表袋形状分为两种：一种是圆形表袋，图案为鲤鱼跳龙门，寓意为科举及第、功成名就，外围饰以蝙蝠、双钱、梅花、柿子等；另一种为褡裢形表袋，一头留有圆形口装表，一头为口袋，绣花卉、瓜果等图案。

刺绣眼镜袋

Embroidered Eyeglasses Bags

清 Qing

长13.8～15厘米 宽6.2～7.8厘米

眼镜袋是民间生活小用品之一。采用两边绣面，中间龙头细布里子，滚边缝合，上下两头钉扁带，内外两层穿在同一料珠眼里，使眼镜袋的口松紧自如。绣制方法运用盘金、戳纱、直针、抢针、打点等针法。

刺绣顺袋

Embroidered Waist Bags

清 Qing

长10~11.5厘米 宽13~16厘米

顺袋为清代民间喜庆所用之物，袋面绣各种吉祥
图案，表达人们对生活的美好祝愿。缎地绣花，
边上采用复杂的穿花工艺，用粗丝线穿边，穿出
变形蝙蝠、蝴蝶、鸟纹、回纹等纹饰，并穿有
"吉"、"喜"、"寿"等字样。袋的中间绣吉
祥寓意图案，有和合手捧钵，肩扛荷花，头上蝙
蝠飞翔组合；有喜雀梅花组合；有蝴蝶花卉组
合；有狮子绣球与蝙蝠组合。后面用二层粗纱白
布做成两个口袋。运用抢针、齐针、拉锁子、打
子等针法绣制而成。

刺绣钥匙袋

Embroidered Key Bags

清 Qing

长8.4~15.8厘米 宽7~13厘米

刺绣钥匙袋是民间生活小用品之一。钥匙袋的形
状各异，花样繁多，有知了形、花瓶形、葫芦
形、方形、如意头形等等。

刺绣油面塌

Embroidered Hair Puffs (for Dressing) with Flower Designs

清 Qing

直径8.5～9.5厘米

油面塌是日常梳妆用品。前人用这些绣有各种吉
祥图案的油面塌，蘸上刨花水，一边梳头，一边
擦头发，使头发靓丽光滑、乌黑明亮。刺绣油面
塌用机绣花边滚边，花边上盘金丝，在不同颜色
的缎地上绣花卉、瓜果等图案。

刺绣小发禄袋挂件
Embroidered Wedding Bag

清 Qing
长26厘米　宽12.5厘米

发禄袋为婚嫁时所用，均为民间吉祥寓意图案。
刺绣小发禄袋形状各异，花样繁多。此件顶部由
如意蝙蝠组成，中部连结龟背形图案，绣有花
卉、果实，下面有深蓝色和红线组成如意云纹，
缀有五支穗子。小发禄袋运用戳纱、盘金的传统
针法绣制而成。戳纱也叫穿纱，是由直针变化而
来。这种绣制方法在民间婚嫁所用的枕头、发禄
袋、门帘、头镜罩等装饰礼品中用得最多。

刺绣大发禄袋挂件
Embroidered Large Wedding Bag

民国 Minguo

长38.5厘米 宽50厘米

此发禄袋为合钵状挂件。上部呈如意状，绣有花卉、佛手、荸荠等物；顶部钉有"和合千年太平好合"字样双钱，并连接两个铜如意。在大红的丝绸地中央，绣和合二仙，一个手捧圆盒，一个手持花朵，相互祝福。四边绣有牡丹、佛手等。发禄袋四周配以机制花边、珠子、穗子装饰。发禄袋背面用大红丝线绣"五子登科"四个大字。

刺绣打子花果什锦香囊
Embroidered Sachets with Assorted Flower, Fruit
and Seed Designs

清 Qing

长5.5~6厘米 宽5.5厘米

刺绣花果什锦香囊绣有荷花莲藕、桂花、莲子、
葫芦、佛手、桃、豆荚、石榴、枇杷、柿子、百
合十余种花果图案。上盘中国结，囊两头穿绿色
料珠，下配穗子。

刺绣瓜瓞绵绵挂件

Embroidered "Guadie Mianmian 瓜瓞绵绵" Pendants

清 Qing

长14厘米 宽12厘米

上绣蝴蝶一只，中间两个绒球连结瓜叶，下面绣
两个瓜，并配以珠子和红绿穗子。瓜瓞绵绵挂件
采用绿、紫、红、黄、白、黑、蓝、灰、金线等
数十种彩线，主要运用反抢针、盘金打子针绣
成。颜色设计由浅到深，色彩搭配艳丽和谐。

刺绣蟠银凤凰女袄裙套装

Embroidered Women Suit with Round and Descending Phoenix Designs

民国 Minguo

衣长49厘米　袖长41.5厘米　胸围38厘米　领高7厘米

裙长90厘米　腰围58厘米

蟠银刺绣套装是袁世凯第十三女袁经桢的嫁妆。上衣用黑色软缎作面，牙红双绉作里子。胸前、背后、左右两袖，各用银丝蟠绣凤凰云纹、团花图案八羽。衣服下摆、袖口、领口等处蟠绣牡丹、海水云纹。领上三对蟠香钮扣，胸前一对蟠寿字钮扣。裙为直筒摆，蟠绣海水纹，并伴有灵芝、兰花、如意、天竹等吉祥图案。（袁经桢捐赠）

刺绣长桌围

Embroidered Table Curtain

民国 Minguo

长106厘米 腰高9厘米 宽208厘米

刺绣长桌围是喜庆时围于客厅长桌前的装饰物。
以牡丹为主图案，配以玉兰、蝙蝠、桃子、如
意、柿子、百合，以祝愿"玉堂富贵"、"福寿双
全"、"百事如意"、"国色天香"。绣品以大红
缎为地，配以玫瑰红、紫红、紫、咖啡、棕、黑、
白、蓝、灰等色，设色艳丽，富有喜庆气氛。

泥

塑

苏州绢泥人戏剧人物（一组）
Scene of Traditional Operas Composed of a Set of Clay Figurines (a Set)

民国 Mingguo

高16厘米

绢泥人分别以传统戏曲剧目《杨排风》、《金雁桥》、《长坂坡》三出古装折子戏为原型塑成。《杨排风》塑一老生、一彩旦。老生冠官帽，戴三髯，着黄色"开氅"服，穿厚底靴，右手执扇于胸前。彩旦着红色裙祆裤，束黄色长腰带。左手前伸，右手侧挑。《金雁桥》塑一武生一老生。武生着红色"大靠"服饰，一手平伸持枪，一手侧伸，穿厚底靴。《长坂坡》塑一武生、一青衣。武生着黄色"大靠"，厚底靴，双手向左伸。青衣着对襟褶子服，双手托抱一婴孩。老生着深色"八卦服"，头戴"八卦巾"，三髯，右手执鹅毛扇于身前，左手后摆，穿厚底靴。人物头部用泥模制成，面部涂彩后开相，手为捏制而成，头饰有的为泥塑，有的则用纸、绢、线等物制成粘贴，服饰均为纸、绢、线粘贴、编扎，并用色彩勾描图案制成，肢体分别用竹、木等物支撑。绢泥人用料讲究，制作精细，造型生动。

苏州泥人少妇哺婴
Clay Figurine of a Woman Breastfeeding Baby

清 Qing

高18厘米

少妇哺婴塑造了一位年轻妇女给婴儿喂完奶的情
景：少妇身穿大襟镶边天蓝色上衣，坐在长凳
上，微微俯首，安详的神态中透露出初为人母的
喜悦和满足。半袒的衣襟隐约露出乳房，右腿屈
起，婴儿横卧腿上，少妇左手提芭蕉扇，右手轻
搂婴儿，婴儿天真可爱，吮饱了乳汁，欢快地翘
起两只小脚，小手拉着母亲的衣襟。作品以婴动
妇静的方式，细腻地表现了母子间的亲情爱意。